U0034044

教養力

陪現代父母走出教養撞牆期

作者——李雪櫻
藍迪兒童之家院長

推薦序

（以姓氏筆畫為順序）

李偉文——荒野保護協會創辦人，現任荒野保護協會榮譽理事長，身兼牙醫師、作家、廣播主持人等多重身分

我們也必須常常提醒自己，孩子的感受力很強，但是表達能力很差（我所說的表達是指大人習慣的語言敘述）。感受力強是來自於物種演化過程賦予的天生能力，因為物種要在危機四伏的世界存活是很不容易的，必須時時刻刻注意周遭是否有敵人出現，必須到處尋找獵物填飽肚子，所以經過演化淘汰後，物種天生對周遭環境變化有敏銳的感受。

吳蕙名——親職教育講師

人與人的情緒是相互影響的，大人也是會被小小孩惹毛，因此大人要先穩住自己的心。當您覺察到自己有些情緒波動，建議可暫時離開現場，緩和一下心情，平復後再回來引導孩子。真的很不容易，這是場「修鍊之旅」！祝福您一切會更好！

洪蘭——臺灣學者、譯者、廣播節目主持人，現為國立中央大學認知神經科學研究所教授

這本書就是藍迪多年來教養這些孩子的經驗與成果。看到書中院長每天為孩子的衣食苦惱、老師們耐心的教導真是非常的感動，我自己是媽媽，在孩子發牛脾氣時，都不見得能有這樣的耐心等他回心轉意，何況老師們要照顧五百名孩子，真是令人敬佩。院長和老師們的寶貴教養經驗值得父母們好好的讀一下。

洪錦芳——CCSA社團法人中華育幼機構兒童關懷協會秘書長

青出於藍，教養啟迪

唐湘龍——台灣資深媒體人、名嘴、廣播節目主持人、政論節目政治評論者

常態的家庭，都差不多。失去功能的家庭，都差很多。每個這樣長大的孩子，都是一齣戲。我希望大家對這樣的孩子多一點「教養」上的理解。他們，包括我，都有一種病，我稱之為「原發型的孤獨感」。這是對這個世界信任感不足所造成的。「這是什麼？」你如果不懂，就不必問了。幫幫「藍迪」就是了。

黃若薇——1111人力銀行發言人、BeeME知識平台創辦人

當孩子總是覺得全世界都不公平時，往往會給孩子帶來消極情緒，影響他們的成長和發展。所以爸媽師長應該幫助孩子理解世界上的不公平是普遍存在的，並教導他們如何在這種情況下應對和成長並理解孩子的情感。

陳麗如——台灣大學秘書室專門委員及社會工作學系副教授

每個孩子需要的是理解而不是標籤，當大人幫孩子貼上標籤的那一霎那，便也切斷了與孩子溝通的機會，如同文章裡所言，孩子任何一個行為，背後都有許多成長經驗的堆疊，大人需要學習忍住自己狂亂的心，先試著理解孩子，再思考如何幫助孩子行為。

張錦麗——現任新北市政府社會局局長

多年以前認識藍迪育幼院的雪櫻院長，與他家的姊妹們，就被他旺盛的生命力與學習力所吸引！對於正向的目標他從不打折扣，並且虛心學習，一步一腳印，直到達標為止，當時我就相

信，他一定能把育幼院的品質帶向高峰，並翻轉孩子的未來！

張　琪——藍迪兒童之家助養發起人及資深藝人

我更祈盼天下的孩子都能在苦難時得到救贖、不再受苦，孩子們離開了NG家庭來到了藍迪，藍迪給孩子有別於原生家庭的教養，身教與機會教育更是藍迪的教育理念，他們用愛與耐心取代了打罵教育，時代的轉變、教養的方式、都得跟得上腳步、兒童機構的責任就更重和多元了。

張森凱——布萊恩兒商教育有限公司創辦人、布萊恩兒童商學院院長、愛瑪尼財商教學系統創辦人

李院長用愛、尊重與關懷的角度出版此書，讓我深刻知曉只有NG的教養，沒有NG的孩子。

張貴傑——淡江大學教育心理與諮商研究所副教授兼所長

我們成為具有學習與反思能力的大人，陪伴與安全才會真的發生。生命是一段旅程，我們跌跌撞撞的前行，引領的是那個持續的善意與反思。祝福藍迪！

楊月娥——現任三立台灣台「健康有方」節目主持人，基隆市愛樂合唱團執行長

祝福藍迪的孩子們，你們和我的女兒一樣，就算拿到了一個包裝得很醜的禮物，未來的價值將由你們自己創造。最壞的已經過去，再苦都會回甘，期待社會各界挹注更多力量，我們一起幫助孩子迎向陽光。

楊立華——玄奘大學社會工作學系及研究所副教授

本書有孩童的眼淚與挫折，也有歡笑和成就，工作夥伴們的付出與奉獻，書中種種的描述，帶來篳路藍縷的回憶，所有工作夥伴雖然辛苦，但亦啟發了對未來的憧憬。除了案例的介紹外，同時加上教養觀點和論述，提供分析與參考；希望這本書的出版，能夠讓更多人關心安置機構的兒少，對於教養工作有

更深的了解。

蔡逸如——現任桃園市政府社會局主任秘書

欣聞藍迪願意集結自己多年的親子教育學習及感觸，自己的經驗與大家分享。讓大家有機會透過他們視角與實務上的學習，去體會及學習親職教育的重要。

親子教育是一條漫長的路，而我也依然在修正自己的腳步。

賴月蜜——慈濟大學社會工作學系副教授、司法院人權與兒少保護及性別友善委員會委員

感謝藍迪主任和老師努力從其行為探究其原因，不帶標籤、不指責，用接納及帶有修復式的問句，也讓小雯有勇氣面對自己，負責任、修正行為。

作者序

李雪櫻

我是藍迪兒童之家院長李雪櫻。

在藍迪工作的心路歷程中，撰寫一本關於教養的書。

身為爸媽，是一個人生命中最大的轉折點，曾經在婦產科擔任護理人員的我看見每一個初為人母的人，懷孕時總會想著「寶寶平安健康就好」；孩子出生那一刻則想著「是個漂亮的寶貝！」隨孩子長大，期待越來越多，總想著「好，還要更好！」而多年後成為媽媽、院長媽咪的我也是如此。此刻同時伴隨著生命的到來，親職角色也為爸爸媽媽帶來莫大的壓力。提供兒少類親職角色的藍迪團隊，同樣的也會面臨到相同的挑戰和學習，如何在每一個階段做好事先的準備與調適，為孩子做好安排，更成為老師們的日常功課。

爸媽最大的焦慮是來自於自己，即便是受過專業訓練的我也經歷過無數的犯錯、反思，摸索出一條適合的路徑。我常常提醒團隊老師們，在照顧孩子之前，一定要好好疼惜自己，當自己心力交瘁的時候，是沒有辦法給予孩子正向影響力的。我猜每一個人都會犯錯，都是個不完美的父母，在照顧的路上遇見挫折時，不如換個心情、換個方式，不要事事掌握其中，因為「放手」對於自己和孩子而言，將是一個美好的禮物。

從事替代性的兒少安置服務近三十年，照顧超過了五百位孩子。在歷程中卻發現有許多父母不是故意拋開責任，而是他們也曾經有過與孩子同樣的經驗；也有父母因為自己的內心沒有長大，因此在他們成為父母之後，會轉向要求自己的孩子來滿足內在被愛的需求；更多的是看見許多父母為了孩子的成長而持續不斷學習。天下的父母，辛苦了！從幼齡至刺蝟少年的照顧之路真的不容易。在面對孩子每天更新的議題和需求你是否很困擾，你是否跟我一樣是遭遇到挫折後才開始面對問題，進而展開學習之旅呢？

如何做到相互尊重，翻轉傳統的教養模式，逐步放手讓孩子自己來，如何把日子過好，養出有自信、有自主能力的孩子，是藍迪現階段正在做的事。「教養力」這本書，彙集藍迪團隊多年來的服務實踐技巧，解碼照顧困難的撞牆期，讓您可以與孩子好好溝通、理解，讓彼此可以更和諧地共處。

前言

藍迪的一天

夕陽穿過車窗灑進車內，在每一張稚嫩的臉龐襯出紅色餘暉，小小精明的眼睛裡，映著不斷向後移動的窗景，滿車內喧鬧的童音，滔滔不絕說著今天學校發生的事情，劉叔叔開著院裡的交通車載著孩子們回到最愛的家：藍迪兒童之家。

等待他們的家老師，剛剛才開完工作會議，與社工們討論著每個孩子的議題及未來規劃，下午四點回到家的幼兒園孩子，書包一丟，趕忙趁著太陽還沒下山前，在庭院裡盡情嬉戲。各個小家老師們則在一旁陪著或等著其他小家的哥哥姊姊放學回來一起享用晚餐，這個家放學回家的時段，是最充滿活力的時刻。

「先洗手再吃晚餐！」此起彼落孩子們互相提醒的聲音！穿著制服的大哥哥大姊姊也陸陸續續回家了，喜歡裝酷的青春少年也禁不住飯菜香，一邊幫全家盛飯裝菜，一邊豎起耳朵、仔細聽著垃圾車到來，當垃圾車的音樂聲漸漸靠近，等在大門口的大哥哥們立馬出動，同心協力快速地送走院子裡分類好的垃圾。倒了垃圾、洗淨雙手就開開心心地上桌吃飯，大啖肉排、大口喝湯，看見挑食的夥伴，還會刻意幫隊友「加菜」。

津津有味的吃完飯後，一個個排隊洗著自己的碗筷，然後回到小家展開今天晚上的大作戰，得面對功課上的難題及內務的整理啊！

來到大女孩家，愛美的姊姊有著自己私領域疆界的概念，小小桌上也會放著適合自己的私房保養品，看著鏡中的自己總是會放大臉上的惱人痘痘，殊不知年輕的皮膚上有著滿滿的膠原蛋白，這就是最無敵的青春底妝，面對自己未來人生的起點，充滿著忐忑不安，也充滿著無限可能的憧憬；更有拉著同伴走向大廳的藍迪咖啡館，練習著拉花，用綿密厚實的奶泡書寫著少年如咖啡色的煩惱與如泡影般的多愁善感。

星空下，小家房間的燈光格外溫暖，庇護著作業卡關的小主人，過往的故事與未來的徬徨交錯在深夜裡，同房的妹妹可能早已做起自己獨特的愛麗絲夢境，編織著一場又一場奇幻旅程，十點多了，連打工的哥哥姊姊也都回家沖澡了，就算想要聊聊天，請教一下習題也都得躡手躡腳輕聲說話，避免驚動隔壁房間裡的同儕。夜深了，小家老師從門縫看著這些嘴角洋溢著淡淡笑的睡臉，不時囈語，不知做了甚麼夢呢？

叮～鈴鈴！叮～鈴鈴！鬧鐘的催促聲劃破寧靜的清晨六點，每個小家的房間裡現正熱映的夢工廠，「起床！快遲到了！刷牙洗臉好了就先吃早餐吧！」老師們一邊準備早餐一邊拉長頸子來回催促，在一陣下床情緒的拉扯後，還是得乖乖地吃完早餐、穿好制服、揹上書包，這些孩子們總會在上學的車程中慢慢地整理好心情來因應每日的學習。

早上八點三十分前棟行政大樓，陸續湧進辦公室打卡上班的行政部門工作人員，有的在會議室裡準備為今天來訪貴賓所做的簡報，有的確認環境是否整潔，有的在倉庫裡整理物資。

每週三一早小家老師們就會來一場倉庫小旅行，總務人員備妥提供每個小家生活所需的物品，不容易的是，倉儲與資訊管理比起自己的家計更加複雜。另一個角落營養師與廚房媽咪討論著這一周的食材與營養的菜單，財務室的財務人員則一一核對捐款與助養金額開立收據，還有坐在電腦前的行政老師，正在發想專案計畫的標題，確認今天要聯絡各局處的代辦事項，看似與其他基金會大同小異，但其實每一件大小事都是經由各項會議中產生的共識，並透過跨領域的專業交流，或許有時膠著於事情的本質並無好壞與對錯，經由多元觀點的結合，最終都會回到同一心思：「哪一點對孩子的發展與未來最好！？」

過往的成長經驗與孩子不適切的行為與情緒，可能鑄成他們心裡小角落掃不掉的陰影，這是成立澄語諮商所的目的，由諮商所的心理師協助負責修復與療育家童的心理創傷，也擔當藍迪家所有教職員的心理照護與專業訓練。未來在教育上的議題只會越來越難，如何提供與時俱進的專業服務是藍迪團隊優質精進的課程，諮商所更擔起促進社區心理健康的工作，以及開啟與各單位合作的專案。

在未來的人生劇場裡，孩子的能力是無限的，藍迪以引導代替嚴禁，我們常思考的是當開口禁止孩子任何行為時，是否出於自我煩躁的省心？未來在教育上的議題只會越來越難，棒下不再出孝子了，打罵教育只是更顯出教育者在教育上的無方與貧乏，但若不打罵，又要以什麼樣的準則來帶領你的孩子呢？

藍迪的每一天不只感謝社會大眾的扶持，更願意擔起促進社區心理健康的工作，以及開啟與各單位合作的專案，大人的世界當下的每一個決定，都牽動著我們彼此依存的社會，希望有一天你能抽空帶著孩子來藍迪家走走，來喝杯咖啡、看看孩子！

CONTENTS

第二章　學愛

走進孩子的心，培養愛人的能力

第三章　品格

尊重與負責的教育力量

第四章　自律
先放手，再放心

第五章　未來的兒童之家

第一章 選擇

每一次選擇都注定未來的模樣

院長的話

「只有孩子才做選擇？」這是人的天性，誰不想能全選就全選，真的只有孩子才需要選擇嗎？你在何時真正懂得如何做對選擇？學習選擇的過程中，你是否曾經付出過至今都難以忘懷的代價？每一次的選擇都一點一滴影響著自己的未來，一路走來，我們現在的人生面貌，不就是過往選擇的加總嗎？

倘若父母慣用在我們身上的教育方式是鞭子與糖果「恩威並施」，這種教養方式大大地影響了孩子的思考與行為模式，最終只會依指令行事，但這真的是最好的教育方式嗎？當東西方的孩子在世界各角落相遇時，這些孩子遇到新世代給予的挑戰與衝擊時，我們在他們身上撒下的教育種子，真的能幫助他們解決人生路上的難關嗎？這是在我養育孩子及專業研修時從自己身上發現的問題。

你家的孩子有一天會長大，「如何教育他們」終將在他們長大成人後成為你可以漸漸放下的議題，但藍迪兒童之家永遠有需要我們隨時調整教育方針的孩子，教養與教育成為我這輩子修不完的課題，但我最終希望有一天我們的社會，不再需要兒童之家，因此我寫下了我此生至今在教養上的學習心得，提供給正在苦思如何教育孩子的家長們，每一次你的身教與言教都注定了孩子未來的樣貌，思考一下孩子的未來是我們現在能想像的嗎？是我們現在能理解的嗎？那現在的我們能給予他們什麼呢？

若一心只想要孩子聽話照做，你如何設想孩子們的獨立思考？人生開創呢？又怎麼能期盼他們在職場上、生活中，獨立思考、敢於夢想、勇於冒險、並且有智慧地去解決自己遇到的人生難題，成為專業人才呢？

人，唯有懂得思考、選擇、自保，才能生存。因此我改變了教育方式，導入外部資源，例如荒野保護協會等團體教我們的孩子騎單車、野外求生與保護自己。例如職業達人、百大青農或是友善企業、各界團體來提供孩子接觸各種產業的機會，帶給孩子更多元的觀點、了解各行各業對未來人才的需求，給孩子一些幫助，讓他們不論在人生的起跑點上遭遇什麼困難，都能在往後的人生路上，累積智慧與本領，寫下他們與眾不同的精采人生，長出自己豐厚的翅膀得以展翅高飛。

1-1

機會教育從每一次的哭鬧開始

傍晚時分斜射的陽光才剛描繪出藍迪家園的剪影，方才刻意壓抑的童言童語瞬間爆出鬧哄哄的玩樂笑聲，平日午後總是在課堂上肆意橫行的瞌睡蟲，卻不見蹤影，一個個孩子們幻化成為各種樣貌在小家裡嘻鬧著，有喋喋不休的熊蟬、有到處飛舞的蝴蝶、還有蹦蹦跳跳的蚱蜢，當然也有自帶害羞的小瓢蟲，家老師們若不為這些可愛蟲蟲排點假日活動，每個小家應該馬上就會面臨蟲蟲危機了。

「小心，騎車的要看人啊！」老師們一旁高聲提醒，淹沒在搖滾音樂祭級的音浪中，騎著單車上演破風手，自以為速度可以電閃雷鳴；也有大哥哥正認真地教著弟妹們如何在騎單車摔倒時，可以安全地保護自己，一副「跌倒誰都有過，自己爬起來就行」的過來人模樣，也有挨在老師旁邊，傻呼呼看著老師修車，想幫忙又不知道從何下手，一臉困惑的表情出現在嬰兒肥的娃娃臉上，裝著小大人應有的耐心，髮尾大滴大滴的汗水早已出賣了他的迷萌，他們的成長記憶裡，學習不是尋找平板裡的單車影片，是上演自己與其他兄弟姊妹彼此即興互動的故事。

另一區家老師帶著小小孩玩彩色氣球，童玩從來就沒有限制素材與形式，只要能獲得孩子的眼球關注，就是當下最好的玩具；老師拿了一顆紅色氣球給3歲小芸，邁開他短短胖胖的雙腿，抱著氣球急著尋找玩伴。突然，「碰！」一聲，手上的氣球破了，爆裂聲大到讓院子裡的一切瞬間凍結，這一刻小芸成為全場焦點，眾人看著他以及早已落地的氣球皮，不知所措的小芸嚎啕大哭劃破寧靜，廣場頓時恢復了生機，小芸如同洩氣的氣球，癱坐在地上，止不住的淚水與抽噎⋯⋯

此刻澄語諮商所主任晏汝老師緩緩地走近小芸，然後在他面前蹲了下來，輕輕地拍著小芸的肩膀說：「不怕、不怕，老師在這裡。」耐心等待孩子停止哭泣，晏汝老師沒有說教，只是繼續陪著他，當小芸的哭聲慢慢地緩了下來，情緒逐漸平穩時，晏汝開口對小芸說：「我知道你現在很不開心、很難過，但是，遊戲的時間只剩下幾分鐘囉，你想繼續哭，還是要跟旁邊的小朋友一起玩呢？」他尊重孩子的意願，探詢式地問著：「小芸，你接下來想怎麼做呢？」孩子靜靜不語，淚汪汪的眼逐漸清晰，看來小腦袋瓜還在重新開機中⋯⋯

「還是老師再給你一顆球？或是，你要在旁邊休息一下，看別的小朋友怎麼玩才不會弄破？」晏汝老師看著孩子，用手指比出選項數字一個一個說明，逐步引導小芸的注意力轉移到新的選擇題上。

「我要繼續玩。」小芸想了想，然後篤定的拿出小手比出了「1」，試圖清楚傳達自己的決定，小短腿站了起來，跑回廣場上的同伴群中。

孩子的情緒真像夏日午後的雷陣雨突然說來就來，且一陣狂亂，讓家長措手不及，就既定的方式回應，成為這個家的千千心結，例如兄弟姊妹搶東西，玩到不爽就立馬爆哭，但爆哭的就一定是委屈的一方嗎？幾分鐘前上演各種大小情節大叫、大笑、東跑、西跳，其實父母師長都不一定觀察得到，直到爆哭情節開演，大人們忍不住怒火中燒、急著大聲制止，往往沒辦法妥善處理眼前的局面，還會造成親子間的摩擦，如果放任不管，就要面對旁人詫異的眼光和批判的聲浪，成為管教者的兩難習題。

教育之前深呼吸　冷靜自己才能安撫孩子

不管是希望孩子聽話，還是要讓他們做出選擇，前提都是家長自己得先平靜理智地面對孩子，才能有效地傳遞訊息，在孩子當下的情緒願意吸收訊息後，給予指導的教育才能發揮作用。如果在開始溝通之前，孩子依然處於激動與亢奮的情緒之中，一定要先讓他冷靜下來，帶離現場，然後我們才能再好好地說明。為什麼呢？

冷靜時才能「思考」，面臨抉擇時，更需要認真思考，負面的情緒所帶來的是放話、是惡言、是威脅、是激怒、是冷漠，都無法做出理性的選擇。

人都有情緒，當下許多家長自己都覺得心好累、好丟臉、腦海中千頭萬緒難以平息；又或者礙於時間、地點，無法有充裕時間引導孩子思考、說明並選擇。如果是這些情形，我們還是優先處理孩子的情緒、平息騷動。教育不用急於一時，但事件過後要記得好好教他思考、如何用自己的判斷取捨，不是強迫逼他做出暫時討好的選擇，這會在個性上種下不良的陰影，每一次選擇，都要能在資訊充足、時間寬裕且無壓力下，建立正確的觀念，這是練習選擇的好機會，更是教育的真諦。

晏汝老師喜歡用引導的方式，鼓勵孩子自己決定「取」或「捨」。他會先帶著孩子學習掌握手上的資源與資訊，像是陪伴小芸歷經的學習歷程，靜靜等待他情緒宣洩完畢，同理之後，才一一說明，分段解釋現有的選項，讓孩子自己決定要選哪個。「有時候大人為了趕快解決問題，只會給孩子一個選項，這其實就是強迫孩子接受自己的期望。」例如問「要A還是B？白癡都會選A，對吧？」這種強壓選擇，只會種下日後只會聽指令、不善思考的性格。

練習獨立思考要從小時候與小事開始，生活中隨時都是身教的機會，帶著孩子走一次流程：現在是什麼狀況，有哪些資訊我可以詢問與收集、我還可以怎麼做，創造最期待的狀況、選A或B的結果分別帶來什麼好處與壞處、又對他人會造成什麼樣的好與壞的影響，把前因脈絡用引導的方式，讓孩子思考後說出來，為自己做出最終選擇，同時也為自己的選擇承擔結果。

想要、需要，還是討愛？

「為何其他人有，我沒有！」

當看到同伴擁有自己沒有的東西，例如玩具，難免會有比較心態。若只對孩子說「你長大了，你是哥哥，所以你要忍耐」這種觀念，請回想當年我們的父母用這樣的觀點溝通，我們真的都買單嗎？當年的既得利益者，以及覺得對自己有失公平而失望的一方，現在都長大了，是否在內心深處尚留著一道疤痕呢？如果不能同理孩子的心情，只想便宜行事，當下用強權、強勢帶過問題，不僅會衍生出更多問題，同樣的狀況日後也會一再發生，甚至學習成人行使強權、強勢處理問題的習慣，這是你想要的孩子嗎？

成長中的孩子，心態是複雜且不成熟的，想要確認自己是被大人愛著的、想要炫耀，想要買新奇的文具、玩具、甚至追捧名牌都很常見，難道長大的大人就沒有這樣的困擾嗎？我們真的是理性選擇的嗎？「是需要？還是想要？」有時界線模糊到，我們大人都不見得分得清楚，不如趁此哭鬧機會，教孩子分辨「立即想要」的情緒與「實際需要」的疆界吧！

不只是練習取捨，更是引導孩子聆聽內心的聲音。一旦學會獨立分析、思考、承擔選擇後果，孩子長大後才能更容易理解真實社會中的規範與遊戲規則，比較能順利融入其中。

關於選擇，孩子們來到藍迪兒童之家前，就經歷了這個過程，要離開原生家庭那刻，他們可以選擇帶一樣自己心愛的玩具或東西，陪他們一起來到新家。

「不管孩子在原生家庭遭受多少傷害，那都是他的家。我們必須將他帶離開現場，對他都是一種受傷。」我回想起這些年接到通報、去帶孩子離家的情景，孩子恐懼、哭泣，他的表情浮現當時的不忍，加上孩子對進入陌生環境的不安，都會影響未來的教養。「社工或藍迪的老師，常會建議讓孩子帶著一件對他來說最重要、最有意義的物品，陪他一起到新家，這個家一開始就有一個他不陌生的『人』，陪伴著他、安撫他的情緒。」這也是在安置後家老師或社工，為使孩子及早適應生活以及給予心靈支持，會使用的方法。

希望讓孩子在接下來的日子裡有個熟悉的慰藉，幫助他適應新環境、建立新的依附關係。當孩子還無法對藍迪老師訴說心事時，至少可以對喜愛的娃娃吐露秘密，娃娃是他最親密的朋友。同時，這個「選擇的過程」，也是孩子與自己、與社會協商的一次珍貴經驗，是他們過去經驗裡沒有的。

每一句溫暖對話都能緩解爆衝的壞習慣

若不從小事開始練習「選擇」，之後遇上大事一定處理不好！孩子如小芸，都會有需要自己選擇的時候，青少年更是如此！青少年是一個很特別的族群，他們覺得自己像大人，心思開始變得複雜細膩，對事情也有自己以為完整的想法，這段時期所做的選擇往往成為他的人生轉捩點，大人給予的引導是關鍵、過程歪斜是必然，跳過這些歷程得到的好結果，不見得是好事。現實中，哪有人真能無所顧忌、任意選擇？每一個選項的背後都依然受限於社會體制下複雜的規範，而青少年處在轉換蛻變中，外在環境再加上身心受到荷爾蒙影響，情緒狀況也呈現了多元變化。

青少年有時候無法像他們自以為的，可以清楚拼湊出事情的脈絡，是因為他們的腦袋裡尚未有足夠的背景資訊，經驗裡還沒有足夠的DATA，還沒辦法設想這麼多時，會很想用自己的方式去做看看、闖看看，嘗試將想法與現實接軌，然後就會出現被我們稱為「衝突、莽撞、暴力、情緒起伏過大」的行為標籤，這些在生命裡自然出現的天性，我們當年自己都有過，回頭看上天注入這樣的程式，有何用意呢？要我們學習什麼呢？當年我們都服氣大人們所貼上的標籤嗎？

藍迪曾經有個孩子個性衝動，下決定的速度超級快，常在學校引發衝突事端，一有不順心，火就上來了，對抗老師、挑釁同學，不看場合、不管時機、不理會權威、不了解狀況是否有利於他等等因素，總是一言不合就動手，情緒瞬間氣爆，嘶吼、砸東西，最後都為他帶來不好的結果，甚至要負起超過他能力所能負擔的賠償。為了降溫他的衝動，我和孩子約定進行了三個月的電話會談，藉著傾聽他的生活點滴，同理他的委屈，試著引導各種不同的故事版本，藉此調整孩子的思維模式，重新自我拆解當下各種複雜的情緒，並認識分辨哪些是委屈的情緒、哪些是忌妒的、哪些是想開啟友善互動的，哪些才是真正憤怒的，幫助他重新認識自己細微的情緒運轉過程，放慢他下決定的速度，鼓勵他在不同時機，嘗試傳達自己想表達的情緒，而不是用爆衝去解決各種狀況，連續三個月後，孩子的脾氣慢慢有所改善，學校通報鬧事的情形也減少很多，更重要的是，孩子更加快樂了，重新為自己的情緒寫入新的處理方式，而不是當年在原生家庭裡唯一能使用的方法！

這是每一個孩子值得且必須經歷的成長過程，我們也在每個孩子12歲時，逐步開始「自立」教育。讓他們學習分析現狀、傾聽自己的內心、做出決定，也就是「為了生存在這個世界上的練習」。大人所要做的，最多只能幫助、引導他們去探索，然後讓他們自己做出一個相對來說較好的「選擇」，你我不都是這樣一路學習過來的嗎？

熱愛做菜的亭亭就是藍迪老師們口中念念不忘的孩子之一，他從嬰兒時期就在藍迪長大，學會判斷在什麼情況下有多少資源可以運用，在小朋友們吵鬧時他能與孩子溝通協調，在自己心情不好時，還會告訴家老師，幫他約諮商老師會談，在選擇自己未來時，也能先獨立收集資訊，再與老師們討論他所無法確定與決定的部分，尋求各種意見參考，他的評估與分析的能力已經優於許多人了，這樣的孩子，是否你也放心將未來交在他們手中呢？

面對挫折都是別人的錯　沒有學好選擇與負責這一課

父母若總是擔心孩子犯錯、千方百計干涉，孩子就學不會自己選擇，也無法自己承擔後果，如何期待他長出責任感？在這種教育不放手的狀況下，孩子有一種共同臉譜：只要一有不順遂就怪罪外在環境、推託到他人身上，永遠都不是自己的錯，「我之所以會這麼倒楣，都是別人害的」，他都在沒得選擇下，被逼著選擇，因此這些負向的結果，都不是他造成的，跟他都無關！當孩子走到這一步，我們能說都與我們無關嗎？

透過每一次「選擇」結果的得與失，當作陪伴孩子一次又一次的學習之旅，得失之間，當下很難下定論，但品嚐生活中的酸甜苦辣，讓孩子知道不是所有事情都能稱心如意；童年的生活與生存體驗之旅，都是孩子未來自我開花結果的養分，要他們未來的路長、視野寬廣，不是現在帶著他遊玩多少國家、硬塞多少語言當作母語，雖然未來的資訊在網路上都可能學習得到，但品格卻無法在網際網路裡養成，未來的能力應該建立在他現在容許跌倒、失敗的成長裡。當孩子習慣自己找答案、有勇氣付諸行動、為自己的選擇負責時，我們相信他已經長大了，我們也無須為他擔心，未來無論遇上什麼難關與挑戰，他都能為自己甚至為我們的社會找到解方，畢竟未來，我們跟他們一樣也是學習者與冒險者，怎能說幫他選的都是為他們好呢？

1-2

閱讀讓世界變大 讓夢想更寬

藍迪家裡有大小書屋，那是我在規劃新家時，特別要求設計師區隔出來的二個空間，小小孩子的閱讀，不在文字，在他們的眼睛、耳朵與心裡，小小的眼睛咕溜咕溜地看著老師豐富的表情，透過聆聽老師說故事，引領他們的好奇心。大孩子的閱讀，不僅止於關注在文字上，更多是在他們主動探索的行動，各種書籍與漫畫翻開來，即便只看兩頁、卻因為內容當中兩行字與心靈交匯，都能開啟他們的視野，乘著無邊界的思緒，與作者來場隔空對話。對我來說，書不該是一本本整齊地擺放在書架上，當孩子撕破了、翻舊了、弄丟了，那代表曾經他們與那本書有過一段共處的時光。

負責照顧小小孩的家老師，在忙完手邊工作後，總會從書架上找一本繪本開始閱讀。當坐不住的孩子們看到老師靜靜地坐著一小段時間，就會一個一個地圍著老師坐下來，充滿好奇地等待著，就像等待戲劇開場一般，用萌萌的雙眼充滿好奇心地靜下來聽老師說故事，跟著故事的轉折發出各種回應老師的聲音，有的孩子更是迫不及待地跟著發表自己對故事的想法，老師用繪本裡的圖片探勘孩子腦中的畫面，那些你一言我一語的過程往往比書更精采、更有趣、更值得我們關注。

書中的故事可能與剛剛發生的事件有關，老師會藉著故事機會教育，讓孩子們用第三視角回看剛剛發生的事件，藉著繪本的故事，讓孩子發展出自己認同的生活規範與價值觀，跳出方才在自我角色裡，為反對而反對的執拗。此外，老師會透過翻閱繪本說故事的方式來觀察孩子們，有些行為平常不會出現，但在很舒適安逸的情況下會自然流露，展現最真實原始的性格，老師在這其中可以收集到孩子對每個不同面向的觀察與反應，更加了解他們的特質。

閱讀在於建立腦中資料庫　啟迪日後多元思考

閱讀還有一個優點，是孩子認識世界最方便的途徑，同時能跳脫課本框架，採集其他綜合訊息，為思考力、專注力與學習力打下良好基礎。只要打開書，不管是認真細讀或只是隨手翻閱，都是願意與書本互動的起手式。孩子從書中獲得樂趣，藉此接觸日常以外的新事物；健全的生活不該只是躲在自己的小小世界，更不該用逼迫的方式讓孩子與書本產生連結，唯有引起孩子興趣才能讓他們願意打開書，願意翻閱才有機會沉浸，才能刺激思考，才能產生各種想法，我一直堅信，閱讀是為成長燃起熱情最省錢的能源，更是啟動夢想契機。

每個人生活中都會面臨許多選擇，具備思考能力才有決斷力，在成長的起點養成閱讀習慣，進而愛上廣泛閱讀各類書籍，才能在吸收各種知識與智慧時不偏不倚，培養思考能力同時增長見聞，學習建構表達力，清晰傳達自我想法並取代原始的情緒展演。

日積月累養成閱讀習慣　奠定語文邏輯基礎

若曾歷經環境壓迫讓孩子無法說出內心的話語，或不清楚自己真正的想法，可以藉著陪伴孩子一起閱讀的方式，輔助學習表達意圖，建立良好的溝通模式，認識更多「表達自己」情緒的方式，運用在人際互動上，也關係著孩子將來是否能獨立自主，唯有自己能妥善處理人際溝通，能做到保護自己，才能放心讓他們離院獨立生活。

因此，藍迪不僅有小書屋、大書屋與電腦教室，每個小家也都有書櫃；書，不是書櫃上的裝飾品，會被拿取、翻閱的書才有傳遞資訊的意義。

書能撫慰孩子情緒

閱讀還有撫慰情緒的功能。藍迪家給孩子看的書有一部分是「療育」型書籍，在孩子發生一些狀況時，可以發揮療育、指引的功能。透過故事情節，教孩子在遇到情緒問題時該如何處理，甚至如何藉由書本讓心情獲得平靜。

我帶了數百個孩子的經驗中，很清楚孩子很多事情都是從模仿大人開始，希望孩子培養閱讀習慣，父母不能只是耳提面命地要求，得以身做則地翻開書，陪伴孩子看書或者試著說故事給孩子聽。對於專注力無法持續太久的小小孩，加上一點聲音、一點表情變化，以及肢體語言，將故事說得更生動，用問答的方式，讓孩子能更專注在故事的情節中，進而啟發探索的興趣。

鼓勵主動選書　增加探索與購物樂趣

為了鼓勵和養成孩子閱讀的動機和習慣，藍迪家會定期定額發放給青少年購書金，讓孩子去買自己有興趣的書，看完後可藉由分享會介紹內容、推薦其他孩子閱讀，形成共同的話題，寫入成長時期的美好回憶，促進孩子之間另一種交流方式，開啟彼此的互動，分享相同光譜的閱讀興趣。

一本書，可以變成一場即興演講創作，也可以是一場小遊戲，甚至是一齣小小舞台劇。孩子有了好的經驗後，會模仿大人享受閱讀與分享的過程，也會想說故事給更小的孩子聽，並從中體驗表演的樂趣，以及被聆聽、被關注的喜悅，不僅能強化自我表達能力，還會增加成就感。

藉由故事來啟發孩子的學習與觀察能力，樹立正確的價值觀與處事態度，日後當孩子遇到挫折或生氣的事，就不會再用哭鬧的方式解決，而是學習書中角色的勇敢，發揮正義、運用智慧來表達與處理。以鼓勵代替叨唸，陪伴與共讀的引導反而可以讓孩子把知識、道理記得更深刻，幫助他們在人生旅途中過得更快樂。

1-3

用最自在的方式 體驗課外活動

在學校裡接受正規教育對所有的孩子來說是很重要，而學校體制外的學習與休閒生活安排，也深深影響著人際互動及未來發展，是成長中重要的養分，不可任意剝奪的。因此我特別重視孩子們的才藝與社團活動，讓孩子能自由選擇感興趣的事物，過程中看著他們面對學習的難關、解決他們與同儕之間互動的問題，這些學習與收穫所給予的知識更能深刻烙印在孩子心中。

故，藍迪家為讓孩子有更多參與各類活動的機會，積極結合志工導入多元活動。例如：帶著孩子踏青、透過遊戲和戲劇，讓孩子認識性別議題、危機事件處理、帶著孩子認識各行各業、職人學習及各式行銷，豐富孩子的成長日記與回憶。

由孩子們自己決定是否參加課外活動

在寫年度計劃時，社工組會針對次年度孩子休間活動的需求，先進行孩子、老師等多方對話來蒐集信息，及與團隊相關成員依據不同年齡、不同需求透過多面向活動規劃來滿足所有孩子的需求和需要，進行相關評估、審核、擬訂計畫。活動進行的方式有個人、小家、多家、分組、分齡或是全家的各種形式，為使活動可以順利執行，團隊成員會透過方案撰寫及與尋求外部相關資源來達成。

資源組在接洽外部資源時，也同步會同社工組人員，承辦社工在了解活動性質和內容後，會先與團隊協商達成共識，接著開辦說明會布達。為了讓孩子自行決定是否參與，事前溝通清楚活動的目的很重要。除此之外，我們很重視其教育性與多樣性，且為了顧及青少年身心發展，也鼓勵他們參與學校同儕的活動。

活動期間，老師會陪伴孩子一起參與，偶爾也會看到孩子出現退縮、衝撞的態度和行為，在一旁的老師就得見招拆招、適性溝通；像是以退為進的反向溝通，讓他們往順向去，就會達到期待值。藉著團體活動的進行，能看見每一個孩子的個性，也能讓他們在互動中產生正向的影響。

孩子其實會思考參與的意義

社工組副督導琇惠在「帶著國中的孩子們體驗吊帶攀樹」的活動中，在行前解說活動內容時，立馬有孩子反映「覺得好無聊」、「我不想去」，對於不想參與的孩子不勉強，但同時也建議孩子先在旁邊看看攀樹活動到底是怎麼一回事。「可是我就是不想去啊」面對堅持不願同行的孩子，琇惠老師在活動結束後，找時間與他們聊聊想法。有幾個孩子容易受到同儕的影響而改變參與的意願，特別是青少年。琇惠老師期待建構孩子獨立思考的能力，也會針對這樣的議題與孩子對話，例如「你可以有自己的想法，不用因為好朋友不想去就不去。」這就是藍迪家老師孩子的日常二三事。

相信爸爸媽媽也會遇到類似的問題，開心規劃出遊、旅行，而孩子在臨行前突然改變心意，最後演變成親子衝突，大家都不愉快，留下許多成長的傷痕。

親子之間不論什麼情況，若有意見不同時，可以試著了解孩子拒絕的理由，同時也跟孩子說說自己的想法。最後如果孩子依然堅持，那麼尊重他的決定是至關重要的。

在過程中爸爸媽媽可以適度讓孩子了解，父母也會有為難之處，需要孩子一起幫忙，一起解決。從這角度溝通，能讓孩子跳脫自己的角度去思考事情，也是讓孩子有一起參與和解決問題的感受，而非被動用威權要求他們，這樣才能讓他們感受到應有的尊重。

就算躲在旁邊觀望也是一種學習

攀樹活動的教練解說穿著裝備與攀爬的技巧後，有的孩子立刻衝去嘗試，有的孩子則是先駐足觀望。漸漸地，越來越多孩子受到同儕的鼓勵去嘗試，最後只剩下一兩位還是不想體驗；老師不會強迫孩子，孩子們之間也沒有言語相激。

琇惠老師默默觀察其中一個男孩，他看起來很喜歡看別人攀樹，但也許是因為一開始先說了不爬，礙於面子，依然只是旁觀，還有另一個孩子拿著裝備晃來晃去，卻始終沒有要穿上的意思。

「你不試試看嗎？」琇惠老師問。

「我想先看看別人怎麼爬⋯⋯」過沒多久再問，他卻回答：「我不知道怎麼穿裝備，也不想爬樹了。」

琇惠老師發現，這孩子會去教人怎麼穿裝備，也會和其他孩子爬旁邊低矮的樹，可就是不想穿上裝備去體驗吊帶攀樹。活動後，孩子表示並不是對活動沒興趣，而是「裝備很醜不想穿」，老師知道這孩子非常注重自己外在形象，笑著接受了理由，讓他用自己的方式參與活動，「帥」在這個年紀裡有他自己的定義，旁人是無法理解的，畢竟我們都走過這樣的青春，他們當然也有自己的演繹方式。

把思路說出來讓彼此相互同理與了解

不管是什麼原因，大家都尊重孩子的個人意願，讓孩子以最自在的方式參與活動。雖然約定好在活動過程中不能影響他人、不可以對相關人等出現不適切的表現、不可以任意發脾氣。實際上在過程中難免會有孩子出現脫序行為，老師的輔導介入也是教育的機會點。

有一回，琇惠老師帶著國小孩子們去遊樂園玩，那天天氣晴朗，遊樂園裡擠滿了孩子與大人，空氣中飄散著爆米花的甜味和熱狗的香氣，雖然大家必須排許久才能輪到玩遊樂設施，還是很開心地在長長的人龍中持續等待，就在摩天輪排隊的隊伍中，小梅和真真因為插隊發生爭執，吵了起來。

「你明明就跑開了隊伍，回來這裡就是插隊。」小梅怒氣衝天的指責，加上他個性比較敏感，是一位很在意遵守規範的孩子，最討厭不守規矩的人。

「我才沒有插隊，我只是轉過去看志工阿姨，沒有要離開排隊。」真真振振有詞反駁。兩人各自堅持、越吵越激烈，連志工們的調解都聽不進去了，太陽也讓大家的火氣越來越大了。這時一旁的老師先把這兩個三、四年級的孩子各自帶到一旁，等他們情緒較穩定後，分別了解一下狀況。二小各有堅持，小梅認為真真離開隊伍，回來應該要到後面重新排隊，真真說想看看志工阿姨在哪裡，自己不是要放棄排隊的意思。

從小處培養溝通力與同理心

明白原委後，琇惠老師分別讓兩位孩子交流觀點與想法，也趁此機會教育，讓兩人練習如何好好地告訴別人「他的行為以及自己的感受」，以及自己希望得到什麼樣的對待、對他人行為有什麼樣的期待，順利解決了此次的爭執，火熱的太陽也漸漸西沉，兩個都沒玩到的孩子，至少在遊樂園裡學到寶貴的一課。

這樣的小衝突與小爭執，其實也是源自於互相不理解。我們應該在了解各方說法後，引導他們思考、練習表達自己的想法，並進一步理解彼此的感受，取得共識，日後再有小摩擦，孩子們就會知道「選擇」哪種方式處理最適當。

從小細節去引導孩子待人處世，所有的經驗點點滴滴累積起來，就是最好的教育。

1-4

比「遇到難題就投降」更好的思維！

弟弟小敏已經上國中了，但是任何事只要不如他意，還是一樣會情緒崩潰地又哭又鬧。一遇到他不確定的事情，他就會說：「不要問我、我不知道。」即使是很基本的段考日期、或者是學校發的繳費通知單，如果再問他：「交這個錢是要幹嘛的？」他一律回答：「我不知道啦，老師又沒有說。」或者「我丟掉了。」其實學校一定有說明，只是他不肯花時間去回想與解釋。

會出現這種「不思考就投降」的行為，有可能是因為他對自己的答案沒有信心，怕說錯、怕被罵。升上高中後，這種情況想必會更嚴重，因為很多事情導師要孩子自己去記住、了解、執行與完成，家長不該在旁邊幫忙聽、幫忙記、幫忙準備……。

另一個哥哥也是「一有問題就逃避」的例子，高一成績低落要重新輔修，但是上課時間和地點一問三不知，也沒有想要弄清楚的意思，碰到這種怕麻煩、想逃避、不肯面對問題的孩子，大人該怎麼辦呢？

社工組督導玉眉的方式是耐心幫孩子分析利弊得失：「如果你現在不去查課程資訊，到了高三累積起來花更多時間和更多錢去學習。」

老師們在陪伴青少年階段的孩子，可以悉心陪伴每一個孩子走過人生最辛苦的這一段路，卻不可能成為他永遠支撐的枴杖。因此許多事需要孩子自己面對和處理，經驗每一個困難，在經驗中學習，才能啟動他們自己思考機制，也慢慢建構出自我負責的態度。

獨立思考該從幾歲開始教？

獨立思考是因應這變化萬千的世界的鑰匙，又該在何時開啟孩子獨立思考的學習呢？

孩子若比家長有主見，在欣賞加羨慕「別人家的孩子總不會讓人失望」時，家長本身是不是也為難以管教的挫折興嘆呢？澄語諮商所 LEO 心理師帶著大家從出生開始，一起來回顧與檢視：「到底該在孩子人生哪一階段開始培養獨立思考的能力呢？」

襁褓中的嬰兒不會表達，只能透過哭鬧讓父母滿足其生理需求。再大一些，孩子從單字開始學習與父母互動，此時都是父母單方面的給予和教導。3 歲以後，就算孩子學會說「不要」和「為什麼？」大部分父母也都是直接給予答案，其實這段時期的提問顯示出孩子對事物的好奇心，就是訓練孩子開始獨立思考的黃金時期。

相反的，如果父母在孩子7歲前，都習慣直接給予答案，沒有給他獨立思考的空間，孩子就只會習慣單方面接受資訊，記憶好一點的可以一再重複，這種情形和思考能力無關。7到11歲是具體運思期，孩子逐漸形成思考能力，也看見很多父母卻擔心孩子有自己意見後會回嘴，增加教養困難，因此錯失訓練孩子思考的時機。

1-5

世上有沒有最理想的教養方式呢？

父母與孩子之間的互動方式涵蓋了「回應程度」與「掌控程度」兩因素，可以下表分類四象限的管教風格：

最適切的教養方式是「民主威信型」，關心孩子需求，且有熱絡互動。現實中，要求父母隨時隨地有心力與時間回應孩子需求不太可能，特別是雙薪家庭的父母，多半直接立下規矩限制孩子，慢慢變成「專斷獨裁型」，這類型教養模式容易養出懶得或不會思考的孩子。

想要孩子擁有思辨能

孩子 ＼ 父母	高控制	低控制
高回應	民主威信型	寬容溺愛型
低回應	專斷獨裁型	袖手旁觀型

力，父母自己也要先具備這樣的能力，若父母遇到困難時只有一種思考模式，又怎能期待孩子有其他思考方式呢？更不要說相信孩子有尋找答案的能力，當沒有給予他獨立發展的空間，只用高壓方式強迫孩子接受當下的理由，如何能教養出有思辨能力的孩子呢？諮商所的力尤心理師建議家長要先誠實面對自己，要孩子獨立思考，得先培養自己獨立思考的能力。

搭鷹架理論協助孩子獨立思考

要培養獨立思考能力並不難，我們可以從以下三個教養信念出發：

① 維持獨立性：要有獨立思考能力，首先要有獨立自主的行為，包括日常生活與思考意識。

② 信任：每個人都是獨立個體，相信每個人都有可塑性，給予自我思考、行動與發展的任何可能性。

③ 尊重：父母必須給孩子自由發展的空間，接納孩子原本的樣子。

當然，希望孩子立刻擁有獨立思考能力是不太可能的，尤其許多父母也不是在這樣的教養環境下長大，不知如何運用這種教養法。心理學家維高斯基（Lev Vygotsky）提出一套「鷹架理論」（Scaffolding Theory），即可幫助我們培養孩子獨立思考能力，該理論主張在達到終極目標前，先給予輔助梯子，差不多在3歲左右，就在日常生活中與孩子互動及相處時，開始給予各種學習資訊。

以學習吃飯來說，先抓著手練習，再給予輔助器一步步教孩子學習使用筷子，不要為了省時間、捨不得孩子哭鬧或食物掉落而便宜行事地直接餵孩子。日常生活所發生的各種正向與負向事件，任何值得鼓勵或是需要改正的行為舉止，都是可以「搭鷹架」讓孩子學習的。

不論是父母過度涉入，還是孩子本身過度依賴，由於孩子的成長大多仰賴父母的協助教導，第一步可以從父母自身先做調整：

①做「剛剛好」的父母，忍住想馬上跳出來幫忙做完的舉動，練習關心但不立刻介入。

②傾聽孩子遇到的挫折與困難，試著與孩子討論出可行的解決方法，讓他自己試試看。

③訓練孩子的生活規範與打理自己能力，適時給予孩子鼓勵與肯定。

④允許擁有一些自己的時間與空間，探索孩子之外的生活重心。

⑤與孩子訂好的規則需要認真遵守，讓孩子明白規範、界線與負責任的重要性。

以下指標也可檢視
青春期的孩子是否具備成熟大人應有的能力：

1	有能力與陌生人交談	□是	□否
2	懂得自我培養重要的生存能力		
3	能管理自己的功課與工作		
4	懂得規劃生活與時間		
5	願意幫忙處理與分擔家事		
6	能夠獨自處理人際關係，包含交友與處理衝突		
7	有忍受挫折的能力，勇敢處理人生的起伏		
8	會賺錢也會管理財務		
9	敢於冒險		
10	能夠逐步規劃實現自我夢想		

放慢腳步　調整期待值

如果出現困難，或孩子懶散不想思考，期待別人餵養答案時，也或者他就是對這個議題不感興趣，父母可以透過遊戲的方式，帶領孩子一起尋找答案，儘管他找到的答案有其侷限性，或過於直白淺顯；此時，父母能做的就是「再搭鷹架」，提醒他們從不同方向思考。

例如，藍迪家的孩子出現不寫功課的情況，老師們會帶著他把題目念一次，然後讓他找出問題的「關鍵字」，再問他：這個題目的真正想問什麼？是加還是減？不斷陪伴引導孩子嘗試錯誤。換言之，從搭鷹架到拆除鷹架的方式，給予孩子自主學習機會。但要注意適齡適性的選擇，若父母給予過高的期待，可能造成孩子將主動找答案與挫敗感綁在一起，將來要再鼓勵他自我探尋，就不是一件容易的事。

當孩子發展的方向與父母期待不同時，父母得要試著理解：落差不是父母的挫敗，而是彼此溝通與尊重下的差異。當孩子期待父母尊重他，就是想學習獨立很重要的證據，給予他們獨立思考的空間，相信他們有能力成為自己想要的樣子，獨立思考的模式也就建立起來了。

1-6

父母看見並懂得欣賞孩子多元的特質嗎？

「比較容易被忽略的孩子，更應該拉他上舞台。一開始一定會像剛下水游泳一樣怕水，但下水次數多了，在相信安全無虞之後，就會開始自己找出一條路徑，並能逐步克服因為無法預期而產生的恐懼感。」李沛潔主任總是這麼說。我深知沛潔主任是一個性格柔軟的人，而此時的堅持則是為了孩子未來的剛強，這麼多年來我們都是堅持這樣的理念來教育撫養這群孩子。

孩子們的個性不同，群體之中總有表現突出、積極主動的，也有相對低調、被動的。有時候，消極的孩子不是因為本身個性的關係，而是有某種原因，也許是在同儕或兄弟姊妹的光環下沒有優越感，對自己較沒信心。乍看對日常小事似乎影響不大，但遇上攸關未來發展的問題，例如選填志願，自信心常成為左右選擇的關鍵。

小音和小樂這對姊妹都是藍迪家的寶貝孩子，小音從國小開始就和妹妹唸不同的學校，兩人的表現有些差異。小音原以為是院方選錯了學校，讓他們分開就學，但其實是老師們觀察出兩姊妹資質不同，另外小音最大的問題是：習慣累了就先選擇放棄，遇到挫折就先打退堂鼓；當給予兩姊妹相同的教育時，以資質和天性上的差異「因才施教」才能給他們最好的教育！

可能因為妹妹各方面的表現都比較優秀，讓小音潛意識認為自己樣樣做不好。另外他個性也較固執己見，遇到困難時，往往不太能接受他人的建議去改變自己的做法，有時也不太理解老師的建議，腦中思考與運算的能力比較緩慢，導致他容易失敗，也容易放棄，但他能放棄，身為代理家長的我們能嗎？學校能放棄他，但我們能嗎？若社會也放棄他，但我們能嗎？我們團隊思考的是「藍迪是孩子重寫人生的最後一根稻草」，因此在我們還能做些什麼的時候，我們絕對不會放棄任何一個孩子，即便是他暫時放棄了自己！

從「堅持自己的選擇」教他堅持的態度

後來兩姊妹去學跳韓舞，小音體會到無論多有興趣的事，遇上瓶頸都是會累的。但累不等於要放棄、還沒學會不等於永遠不會，但要賴不練習就永遠不會。小音接受了這個事實後，在老師、妹妹及同學的鼓勵下繼續堅持練舞。最後突破難關，和妹妹一起上台演出，聚光燈下，青澀臉龐充滿著自信的魅力，揮汗如雨的亮麗表現、一舉手一投足的賣力演出令人激賞，舞台上他是最亮眼的「藍迪渡邊直美」，我們樂於在他成長的歲月中，成為他最瘋狂的粉絲，為舞台上的他每一次精彩演出熱烈地歡呼與喝采。

但固執的反面也可以被視為一種選擇，當小音體驗被熱情包圍的感受時，在大家的支持下終於能不放棄，得到了對自己非常有意義的成就。只要能看出孩子的長才、鼓勵他發展興趣，建立起孩子的信心，再幫忙規劃他未來可以走的路，最後一定會有好的結果，我們並不要求他要有多厲害的成就，但孩子得到寶貴的經驗、有所成長，這才是他一生最重要的資產，記憶中美好的自己，來自不放棄的執著。

雖然小音在舞蹈上獲得了成就感，但對其他事的自信還是不足。社工老師便幫忙媒合速食餐飲店的打工，希望他多藉此與他人互動、培養信心，也安排他在藍迪商店打工，幫忙上架與銷售。小音說，只要一把空貨架補滿商品就很開心，累積起來的成就感也讓他在處事上比以往更有自信。而在我聽來，卻有著無限的感慨，他的未來人生路依然充滿著難關與挑戰，希望補滿他心靈貨架上的是記憶中只要不放棄就能散發自信魅力的風采，是我對每個孩子永遠的祝福。

自己的選擇才沒有遺憾

說起妹妹小樂的選擇，孩子著實教了團隊一課。原來小樂在學校成績斐然，可以選擇唸普通科走升學之路，也可以選擇他最喜歡的表演科。老師們依自己的觀點分析利害得失給小樂參考，難免擔心他會選擇走上一條艱辛的路，果不其然，小樂選擇了老師們比較不太推薦的表演科。

這下子就像一般家庭的父母擔心小孩子選了未來較難生存的科系，有的開始上演家庭大戰，或是父母私底下煩惱的不得了，僅僅表面上維持「不反對」的態度。這我們團隊修習教育、心理、保育、社工系的老師們，哪懂得表演科呢？但人生是孩子自己要經歷的，誰又有資格否定他為自己的人生所做的選擇呢？

老師們因為小樂的選擇，好奇表演科到底有哪些課程，深入了解後發現學校的安排十分豐富，有理論、有幕後、有幕前，也有相關產業鏈結，還有讓同學們透過團隊合作，發揮創意製作節目。若未來沒有從事幕前表演藝術，孩子也能在過程中學到許多幕後工作技能，以及做人處事的基本道理，當初的擔心與反對，反而凸顯我們自己的不足，不是嗎？

尊重孩子的選擇，學習為自己的選擇負責，說起來簡單，我們看過多少故事，最後孩子根本恨透了當初的選擇，一點都不覺得美好。沛潔主任也常跟老師們說，「自己走過才會沒有任何遺憾。如果孩子走上我們為他們選擇的路，數年後有了遺憾，該由誰來承擔？我們也沒有走過的路，個人所看、所見、所想的，就一定是對的嗎？又如何能武斷地幫他們做未來職業的選擇呢？」

話雖說，不要剝奪孩子選擇未來的機會，他們的人生經歷尚淺，有時感性大過理性，某些狀況下還是必須幫忙調整路線，當父母真是一件不簡單的事啊。

當年負氣離開藍迪的孩子　多年後感念老師的用心

十足男孩子氣的小雨是個個頭嬌小卻非常熱愛籃球的女孩，高一時加入學校籃球校隊後就想放棄課業，一心只想走體保生的升學路線。藍迪老師群評估孩子的體質，知道小雨當運動員的先天條件不利，於是和學校老師懇談後，讓小雨離開球隊，專注在正規的課業上，當年的小雨很不諒解老師的作法。

小雨當時很不服氣，從高二到高三間一直很不滿社工老師所為他安排的路，這時恰好舅舅出現並申請接他回家，於是他就離開藍迪家了。

後來小雨到台中唸書，沛潔主任去看他，小雨聊到當時自己對機構的埋怨，不懂老師為何阻斷他的興趣與職涯發展，而現在的他可以理解了。他發現原本體保生的朋友們進了大學後找不到目標，對台灣體壇的弱勢也無能為力，天天辛苦且麻木地練習，不知人生該如何規劃，每天都在等教練的指示，情況和他當時想像的完全不一樣。

小雨在當年停止了籃球的興趣後不斷地畫圖、考上了廣告系，後來在接案平台上接到工作，能養活自己還能兼任發案主，幫忙同學找工作賺生活費。現在的小雨是一名刺青師，他謝謝老師們當時為他著想的遠見，也很開心現在自己的選擇，目前他努力生活賺錢，之後想到國外學藝術。我們永遠期許自己，得多花些心力去挖掘與栽培敢做夢的孩子，讓「未來」在他們手上變得更加積極與美好。

世上沒有 100% 正確的決定！

小樂和小雨的例子，讓藍迪的老師們體會到尊重孩子的意願很重要。現在關於志願引導的做法是，先讓孩子接觸多個領域、項目，盡量吸收知識，增加對各產業的理解，以拓展最多的可能性。藍迪會與一些產業或領域的職人合作，像是開設咖啡工坊、開心農場等自立培力的課程活動，並以此為圓心導入多元的課程累積孩子的實力，實踐下來也發現對於孩子未來離院後的規劃確實有幫助。

或許在陪著探索的過程中，老師們的建議或選擇也不一定是對的，就像親子間對同一件事的理解會有落差，需要敞開心房溝通、交流。而為了讓孩子之後能更順利地與現實的社會接軌、選擇適合的志願，老師們會從孩子12歲就開始和他聊未來、聊社會的脈絡、現象等等，希望孩子心裡有個社會的大致輪廓，開始思考他需要能養活自己的一技之長。

「孩子們在藍迪時，心裡可能會埋怨老師不下千百遍。而長大後離開藍迪，再回來時總會對我們說聲謝謝，我們常常感動到忘記當年是怎麼辛苦地跟孩子拉鋸戰的。」沛潔主任感慨地說，我常笑說：「這位主任，每每談及孩子時除了臉上堆滿笑容外，連你的額頭上都出現光了啊！」

身教是最好的教養書

沛潔主任大學畢業後擔任二年護理人員，旋即回到在藍迪家與我並肩作戰，這期間養育了數百個孩子，他很清楚看到，孩子就是孩子，他們會使壞、會試探、會假哭、會情緒勒索、會挑釁，遇到這些狀況只要是人都會發火，他向來不惡口爆粗話，總會等孩子收起情緒，在了解事件原因、傳達自己的想法。沒有天生就懂得教育的父母。近三十年來從陪著孩子長大過程，「做中學、錯中學」藍迪的孩子教會了我和團隊很多事，也讓我們漸漸成為一個懂孩子的替代父母職的專業工作者。

身為教育者，要有耐心、沉得住氣，懂得情緒管理，孩子不一定需要能幹又堅強的母親，但讓孩子知道「你不會傷害我」，才有施教的可能。我一直相信養育孩子最重要的就是身教，常常提醒自己和團隊，凡事都要站在孩子的立場來進行思考，降低或減少不適切或不恰當的工作方法。

減少做出任何不希望孩子做的事，我們就是這樣地過著每一天。

「人生路很崎嶇，要勇敢往前走，為自己選擇的路負責！」沛潔主任每天帶著期許養育來到藍迪家的孩子們。

名人教養經

洪蘭

臺灣學者、譯者、廣播節目主持人，現為國立中央大學認知神經科學研究所教授

我念高中時，瓊瑤的小說暴紅，那時大家都沒有零用錢，只能湊起來合買一本全班輪流讀。當書傳到我手上時，發現有一句話「我從沒要求你生下我！」被同學圈起，並在上面畫了很多驚嘆號，原來我們不能選自己的父母。這個觀念在民國五十年是石破天驚，沒人敢這樣想，現在這個觀念已經普遍到讓善心人士去想辦法來彌補它所造成的遺憾了。

過去一個孩子若父母吸毒、作奸犯科入獄或酗酒家暴，就只能忍受，盼自己趕快長大，脫離苦海。現在幸好有像藍迪這樣的教養院，給他們一個正常長大的機會。這本書就是藍迪多年來教養這些孩子的經驗與成果。看到書中院長每天為孩子的衣食苦惱、老師們耐心的教導真是非常的感動，我自己是媽媽，在孩子發牛脾氣時，都不見得能有這樣的耐心等他回心轉意，何況老師們經歷照顧五百位不一樣個性的孩子，真是令人敬佩。院長和老師們的寶貴教養經驗值得父母們好好的讀一下。

書中各個觀點我都非常贊成，只有一個，就是老師對遊樂場事件的處理方式。書中說同學在排隊等待玩摩天輪的時候，一個同學脫隊，回來時，想回到原來的位子，被後面同學拒絕，認為她是插隊。一個堅持「我只是去看一下老師在不在，我並沒有脫隊」，另一個認為「你離開就是放棄了你原來的位子，再回來就應該到後面去重新排隊」，兩人吵了起來。老師的處理方法是把兩個同學都帶開，讓她們冷靜，最後兩個都沒有玩到。

就法律來講，甲同學離開了隊伍，就是脫隊，雖然很快就回來了，但離開位子是個事實，她應該去後面排隊，除非她事先徵得後面同學的同意替她保留這個位子。但是如果她沒有，離開後又想回到原來的位置，她是插隊，乙同學可以拒絕她。老師罰兩人都沒有玩到，對乙同學是不公平，她只是執行老師說不可插隊的規則而已。

以前台灣常發生大人不分青紅皂白，各打學生五大板的事。這會使孩子很快學乖，懂得自掃門前雪，莫去管閒事。其實有勇氣去執行正義是不容易的，老師應該獎勵，以後學生才會有正義感。我們要教孩子：你不可能喜歡所有的人，也不可能讓所有的人喜歡你，但是你可以讓所有人尊敬你，只要你能堅守原則，表裡如一，不作牆頭草，一個有骨氣的人別人是會尊敬的。這是我的看法，就教於院長和老師們。

因為法律規定十八歲以後就得離院獨立生活，我看到老師們苦心積慮的為孩子作各種離院的準備，幫他們接洽打工的機會，讓他們慢慢學會自己一個人生活，真如親生父母一般。幸好孩子們也懂得感恩，離院後也常回來看院長和老師。我想只要孩子懂得感恩，老師們的辛苦也就值得了。

人不能選父母，感恩台灣有藍迪，使這些孩子雖然拿到的是一付壞牌，卻還有機會打成滿貫。

名人教養經

蔡逸如

現任桃園市政府社會局主任秘書

從事保護工作多年，我們見過許多在還沒有準備好就成為父母的個案，而孩子會在這樣的情況下成為犧牲品。

這些面對養育教導孩子時所遇到的困境，往往使許多父母無所適從，而輔導家長這件事也成為我們保護工作的一環。

為人父母這件事，沒有人從一開始就知道該怎麼做。所謂「天下無不是的父母」這句話套用在現實中卻並非如此，我們都會犯錯、會迷惘、會誤解。在與孩子的交流中也許有矛盾、有爭執，但更重要的是如何從錯誤中汲取教訓，或者透過正確的渠道尋求幫助，與孩子一同成長。

兒科醫生、醫學博士文森伊安內利（Vincent Iannelli）就說，「父母通常不會一開始就想犯錯。但很多時候，他們只依靠自己的育兒本能，不會嘗試常見的育兒問題尋求幫助。」

教養是許多家庭經常面對的問題，不同年齡的孩子在人生的各個階段都有各自所面臨的煩惱，且絕大多數的感悟，往往都在經歷過挫折後才能夠了解和釋懷。

在這些時期，孩子與父母的溝通往往是不暢通的，面對這樣的煩惱，有些父母會開始反思自己，「是不是我的教養方式有問題？」這樣的思緒，帶給自己無形的壓力。

除此之外，現代的生活中，無時無刻不存在「虛擬」的壓力。打開電視一看，鋪天蓋地的壞消息，好像隔天就要世界末日了，哪怕那些危險並不真正出現在我們的身旁，大腦也會發出警訊。

我們身體無法分辨真假，因而立即做出壓力反應，也就是所謂的情緒。面對這些情緒，不論你是運用運動、瑜伽、冥想，只要可以讓你暫時的脫離當下的「困境」，讓你有多一點時間可以思考，而思考的同時也能夠給自己一個與自身對話的空檔、一個與自己對話的機會。

欣聞藍迪願意集結自己多年的親子教育學習及感觸，自己的經驗與大家分享。讓大家有機會透過她們視角與實務上的學習，去體會及學習親職教育的重要。

親子教育是一條漫長的路，而我也依然在修正自己的腳步。也許你會認為親子教育是一條漫長無盡的路，然而這一路的成長，足以令人動容了。

努力過的，必留下痕跡。

我想，能夠看見孩子的成長，還有自身的成長。就值得為自己歡呼了。

賴月蜜
前慈濟大學社工系副教授兼系主任

用愛止傷

進入機構安置的孩子多有童年逆境經驗 (Adverse Childhood Experience)，即童年時期歷經不當對待或創傷，例如父母或照顧者的情緒虐待、肢體暴力、性虐待、疏忽；同住者有藥物濫用、心理疾病；母親受暴力對待；父母離婚或分居；家人入獄等，兒童因長期處於壓力警覺狀態，生存本能下的反應不是戰就是逃 (fight or flight)，也有可能呈現解離的情況，這樣負面的童年經驗，對創傷及壓力的對抗回應，自然影響內分泌系統、大腦系統、免疫系統、身心健康、思考理解、情緒及行為控制，研究也顯示有ACE者，罹患冠狀心臟病、中風、糖尿病、癌症、肺病的機率高於一般人，平均壽命少二十年 (Lewer, et al., 2020)。

孩子在成長過程，為應對上述衝突的壓力及傷害，不是向內就是向外的渲洩，向內嚴重的結果，從退縮到自殘、自殺，而向外則可能對他人造成傷害，甚至犯罪的產生，在本書第二章第三節「誰願意被貼上不的負面標籤，連威嚇都不好！」，小雯的行為表現即是，她的壓力使他忍不住透過一些向外的非行行為來緩解，感謝主任與老師對於小雯的溫柔對待，關心、瞭解、不批判，用愛止傷，慢慢化解小雯的防衛，讓小雯理解到自己忍不住的行為，也和小雯一起討論，當忍不住的情況發生時，可以怎麼做，從自我控制（I control)，一步步發生改變。

從童年逆境經驗到創傷壓力症候群（post-traumatic stress disorder, PTSD）的認知，在創傷知情照護（trauma-informed care），從理解創傷（realize）、辨認創傷（recognize）、回應創傷（respond）、防止再受創傷（resist re-traumatization），更重要的是建立安全感、回顧與哀悼的原三階段，重建人際連結（劉思潔譯，2017；施宏達、陳文琪、向淑容譯，2018）。而創傷到復原，第一步是安全感的建立，在小雯的成長經驗，寄養的數次轉換，依附關係的一直中斷，讓她沒有安全感，而安全感的建立，可以透過呼吸、正念、運動，讓她慢慢自己找回安全感。

國際組織The International Institute for Restorative Practices(IIRP)提出針對所謂犯錯者的五句問話(When things go wrong…)：

①發生什麼事(時，地)(What happened?)

②當時想了什麼(What were you thinking of at the time?)

③從事情發生到現在又想了什麼(What have you thought about since?)

④這件事對哪些人發生什麼影響(Who has been affected by what you have done? In what way?)

⑤你覺得怎麼樣可以讓事情變得好一點(What do you think you need to do to make things right?)（網站 www.iirp.org）這幾個問句，不帶批判指責，讓犯錯者有機會陳述，從述說中，瞭解自己，也找到自己負責的方法，讓他們有機會用自己的力量，讓事情變得好一些，能在

錯誤中學習成長！感謝主任和老師努力從其行為探究其原因，不帶標籤、不指責，用接納及帶有修復式的問句，也讓小雯有勇氣面對自己，負責任、修正行為。

參考文獻：

施宏達、陳文琪、向淑容譯（2018）。從創傷到復原：性侵與家暴倖存者的絕望與重生。新北市：左岸文化。

劉思潔譯（2017）。心靈的傷，身體會記住。新北市：大家出版。

Lewer, D., King, E., Bramley, G., Fitzpatrick, S., Treanor, M. C., Maguire, N., Bullock, M., Andrew Hayward, A. & Story, A.(2020). The ACE Index: Mapping Childhood Adversity in England. Journal of Public Health. 42(4): 487-495.

TIPS  處理技巧

◇ 教孩子獨立思考，從小事開始練習「選擇」。

◇ 要懂選擇就要會思考，廣泛閱讀是學會多元思考最便捷與經濟的方法。

◇ 溝通，傾聽孩子的想法，尊重孩子的選擇。

◇ 孩子的NG行為：去了解他，不要放棄他。

◇ 每次犯錯都是成長的機會。

◇ 鼓勵、引導，不剝奪孩子的選擇權。

◇ 每一次的選擇都珍貴，從小就要學會對後果負責。

◇ 課本上沒有的機會教育藏在突發狀況裡。

第二章

學愛

走進孩子的心，培養愛人的能力

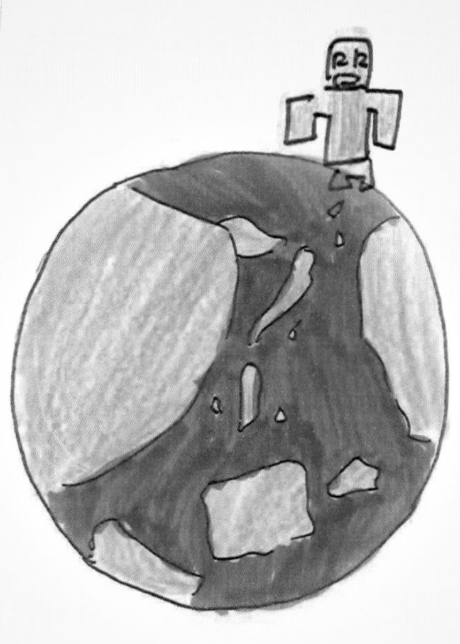

院長的話

我們最常見到父母與孩子的互動過程中，是比較使用「說服」，而並非使用「溝通」的方式。「說服」是單向的訊息傳遞，「溝通」則是訊息的雙向流動。這樣是比較難以讓彼此讀懂對方要說什麼？在想些什麼嗎？

我們看見孩子表現出我們不喜歡的行為時，最直接的反應就會是去糾正他、改變他，甚而祭出罰則。這樣也讓我們與孩子之間的關係越來越多衝突，越來越疏離了。

我們要如何讀懂孩子內在的訊息，包含他的情緒、需求，以及他的期待，才能夠用更有效的方式來回應、靠近，開啟親子雙向溝通之門。我們也來看看藍迪的老師是怎樣透過生活小細節，培養出孩子的愛人能力。

2-1

真正的愛包含被他討厭的勇氣

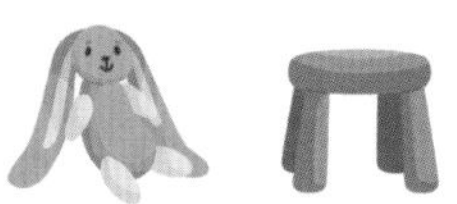

「我不管！我就是想要這個！我不要回家……」

小孩大哭大鬧的在路邊扯著媽媽的手，聲嘶力竭地，堅決的「黏在」遙控汽車玩具前，而旁邊來來去去的路人，彷彿都在看著這位媽媽到底會怎麼回應。

這樣的場景，家長一定不陌生，總是很突然就迸出來，考驗教養的情緒管理及應變能力，此時到底該如何回應，什麼時候要堅守原則，什麼時候要提供孩子想要的東西，管教孩子的標準該如何拿捏，恐怕是為人父母永遠的議題。

不用「討好」來獲得彼此的愛

我們都是愛孩子、為孩子好，但家家有本難念的經，因此沒有絕對的標準答案。加上也許還有隔代教養產生的無力感，或與另一半離異、自己得一人分飾兩角，有的父母親還得不斷討論誰扮黑臉、誰扮白臉等教養議題，誰願意被孩子恨透一輩子，長大留下不親的傷痕呢？

每個家族成員對愛的認知、原則多少有些不同，究竟怎麼樣的原則才是好的呢？無條件包容才是真正的愛嗎？

談到這點，澄語心理諮商所惠貞老師說：「許多父母都希望能跟孩子保持朋友般的關係，但同時又擔心這樣不夠有威嚴，給了太多自由，會讓孩子變成小霸王；但若規矩限制過多，又怕孩子失去自由與冒險的勇氣。」怎麼做好像都不對，到底該如何拿捏「有原則的愛」呢？

好的關係得先互相尊重

愛的原則包含關係、尊重與紀律。「關係」指的是你與孩子之間的互動緊密程度；「尊重」指的是你是否願意聆聽孩子需求與想法，並給予他空間自己做出選擇；而「紀律」則是教育他有自律才有自由。

愛的本質是「關係」，但良好的關係絕非是討好。

當孩子為了想要的玩具而哭鬧時，可以先同理他想要玩具卻得不到的「難過」，孩子的情緒得到安撫與理解後，才有辦法繼續聽進父母說話，父母才能進而跟孩子說明家裡有類似的玩具，或是這個玩具的價格太貴，我們可玩什麼替代、現在趕著要去哪裡，所以無法購買等等各種理由，然後跟孩子共同討論有什麼方法緩和情緒，或轉移注意力。

別認為孩子年紀小而聽不懂，或是不用跟他解釋那麼多，在這裡也潛藏了你是否「尊重」他，尊重他是個體，他有情緒、想法和感受，最好的方法是像看待一個大人一樣，跟他討論如何解決問題並達成共識，而在這些過程中，最重要的是讓孩子能擁有自主權與解決問題的能力。

愛的紀律從身教開始

人類制定「紀律」為了更好的生活而存在，馬路上的紅綠燈是為了保護人們的安全，攝取健康的食物是為了身體健康，3C用品適度使用，是為了視力健康以及不佔據太多做其他事情的時間等等。在藍迪兒家的生活裡，這些規矩與紀律對孩子來說，需要具體明確且好執行，而且在執行的過程中，大人們必須「以身作則」，不能一邊叫孩子去做功課，老師卻在旁邊看電視，一方面在孩子心中會覺得不平衡，另一方面你的規矩也無法被信服。

紀律，在藍迪不是由上而下的，卻是由下而上的，藉著晏汝老師的引導，孩子抒發心中理想的家園，以及希望他人與自己彼此遵守的「好棒棒原則」，讓這個家，成為他們最想回來的地方；讓這個家，成為他們最舒適乾淨的窩；讓這個家，成為他們一生中最美好幸福的回憶。

想要建立「愛的原則」，這過程必定是辛苦與緩慢的，但當關係、尊重與紀律建立起來後，便會成為習慣，絕對會是倒吃甘蔗。而建立的過程中，也別忘了給予一些彈性空間，偶而因為連假隔天不用上學晚點睡、偶而因為好心情而一起去痛快地吃垃圾食物，保持著彈性以及開放的態度，陪伴孩子面對生活中遇到的事物，你會發現這個過程是充滿驚喜的！

從愛的語言找出接收愛的雷達

在討論「建立關係」這個部分時，美國著名治療師蓋瑞．查普曼（Gary Chapman）歸納出了人們常見表達愛的方式，稱之為「愛的五種語言」，指的是我們每個人感受到愛與表達愛的方式，會因為成長環境、生命階段的差異而有所不同：

①肯定的言詞（Words of affirmation）：喜歡透過言語稱讚、鼓勵或向他人表達感謝之意，或是喜歡接收來自他人的肯定與讚美。

②精心的時刻（Quality time）：喜歡兩人彼此陪伴的時刻，把專注力都放在對方身上，一起從事喜歡的活動，透過相處而感受對方的愛。。

③接受禮物（Receiving gifts）：喜歡贈送禮物或接收禮物的感覺，不一定是昂貴的物品，而是能夠了解對方喜好或需要的禮物。

④服務的行動（Acts of service）：真誠為對方服務或分擔事情，例如幫忙做家務、煮一頓飯、接送對方等，知道對方的需要並提供所需的服務。

⑤身體的接觸（Physical touch）：透過身體的接觸表達與接收愛，包含牽手、擁抱、帶孩子飛高高等，身體的接觸本身會讓人感到安全與舒服的感受。

愛之語測驗：http://love.cssa.org.tw/

每個人都可以透過上述五種方式感受到愛，但比重不一樣，可以找出前三名你喜歡接收愛的方式，更了解自己也更了解孩子，除了可以跟孩子一起做測驗以外，也可以跟你的伴侶一起做測驗，讓彼此更了解對方接收與表達愛的方式為何，進而能夠用他喜歡的方式傳達愛。

就算超級愛孩子都會遇到相處摩擦時候

除此之外，每個人心裡都有自己的一套「愛的原則」，所以人與人相處，必定經過衝撞期，請寬心看待。每個人的「愛的原則」，會因年紀、經歷、環境等因素改變，重新覺察並接納自己的原則改變、以及正負情緒很重要，你會清楚知道自己的地雷是什麼；而釐清孩子的情緒和地雷一樣重要，吵架時才能看見事情的問題點。

親子有衝突時，可以等雙方整理好情緒後，跟孩子說明自己不舒服的點，開誠布公一起討論；當問題不大時，就要即時處理。若一直拖著不處理，等到關係癌化，可能就無法治癒了。

切記，我們可以討厭對方的某些行為，但我們依然愛著他們！愛，不是溺愛更不是逃避，請隨時檢視自己與孩子之間愛的原則，有改變時也不要驚慌，去了解並接納，至少親子都要知道：「儘管有衝突，但我永遠愛你」。

2-2

靜靜先聽他們說 才能打開刺蝟少年的心防

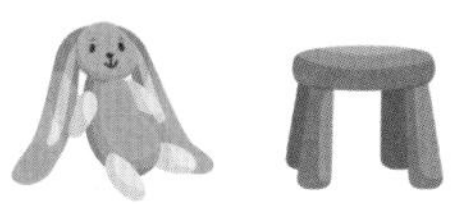

我們得先讓自己的心態歸「零」才能談接納孩子

打開刺蝟孩子的心防，是一場「接納」和「同理心」的循環。

想要孩子學習「接納」，必須先看見每個孩子的特質，讓他們處在有安全感的狀態下，再進一步練習「可能會有些不舒服的換位思考」，也就是同理心的養成。

當自己不帶任何預設立場，才能開始接納孩子真正的模樣；別懷疑孩子的感受力，你願意深入了解孩子的想法，能同理孩子所看見的世界時，他們也能敏銳的感受到：「啊！你們大人真的聽得懂我在說什麼耶。」

父母師長付出努力，接納了孩子、同理對待，刺蝟小孩也會慢慢打開心房接觸外界，從他們的硬殼當中探出頭來，每天願意多說一些、多努力一點，就是很大的進步。當刺蝟小孩和爸媽老師有了交流，自信心和安全感才會逐漸建立起來，對內他接受自己，對外他接納大人，再進步些就是接納社會，最後學習同理他人，形成一個愛的正向循環。

「不管是誰，都要自己先歸零，才能開始接納他人。」我這些年來撫養過將近五百多位孩子，接納教會我很多事情，不用排斥的眼光、不用逃避的心態，才能真正面對問題。當我們大人自己先做到了，才有辦法一點一滴去影響孩子；歧視，不是孩子與生俱來的天性，而是從我們眼中看見的偏見！

安全感下練習換位思考，學習同理心

孩子的同理心並非與生俱來，這需要跨出慣性舒適圈，教他們站在對方的位置想一想，同理心是違反人類天性設定的機制，但卻是我們每個人都渴望從他人身上獲得的，我們若沒有先給予，哪會得到對等的反饋呢？

在孩子還不懂什麼是生理痛的時候，老師曾跟孩子說：「老師今天肚子痛痛，大家乖乖地吃飯和寫功課喔！」之後，老師發現大班的孩子已經墊著椅子在水槽邊將碗盤洗乾淨、晾好了。

有時孩子中午常常因為睡不著覺，互相指責對方太吵了。老師會告訴孩子：「你這樣一直告狀，你和其他人當然都睡不著呀，當大家都安靜下來時，吵鬧的人才會發現，原來這裡只有他在破壞安靜呀！」一步一步，日常中就要與孩子講道理、討論需要一起遵守的生活規範，溝通互相尊重，久而久之，從「換位思考」進展到自然能「同理」彼此，讓關係變好。

還有些孩子會習慣性未事先告知就拿走他人的物品，老師們不會著重在眼前已經發生的錯誤行為，而是去了解他這麼做的動機。將事故的雙方各自先帶開，一個詢問動機，另一個安撫心情；若覺得他們兩個需要對話時，才會讓兩個孩子及老師一起對話，釐清中間發生了什麼事情。了解過程之後，可以問拿東西的孩子，如果是他的東西被拿了，會是什麼心情?要怎麼樣負責?給他機會反思別人拿走自己東西的心情。

小時候練習「接納」、「同理」，長大才能融入社會，尊重他人也遵守社會規範。

2-3

誰願意被貼上不乖的負面標籤，連威嚇都不好！

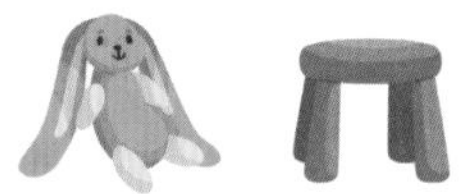

聖誕節快到了，老師們因為年底的活動而忙得不可開交，就像普通家庭一樣，兒家的沛潔主任（沛媽）立即伸出援手協助家老師，打算協助大家一起帶大家去大型商場採購，一聽到逛街，孩子們都很興奮，爭先恐後的搶幫沛媽的忙，就希望能早點出發。

但到了商場，沛潔主任很驚訝的發現，預備好的現金竟然短少了！

「怎麼會少了一千元呢？」沛潔主任焦急著把皮包搜遍、甚至整個倒出來看，怎麼數還是不對數。另一位小家老師提醒：「會不會當時點交就錯了呢？」畢竟這幾天的情況只能用兵荒馬亂來形容，有可能算錯鈔票。

「我當時算了三次！」沛潔主任努力回想當時每個情節，想起從頭到尾，只有一個孩子有機會接觸到這個現金袋，老師收拾起皮包，走到小雯旁邊，和他一起看著賣衣服的櫥窗，小雯目不轉睛的眼裡映照出櫥窗裡美麗的洋裝，沛潔主任不經意地詢問他，但孩子一開始說沒看到；直到行程結束、回到家園裡，沛潔主任和社工老師再次找孩子來聊，孩子才不好意思的說是自己拿走了。

那他把錢花去哪了呢？

「我沒有花掉，我把錢偷偷藏在商場的大型盆栽裡。」孩子頭低低的，兩隻手的手指不安的扭來扭去，看起來有點懊惱。於是沛潔主任帶著他回到商場，所幸盆栽花草茂密，沒有人注意到裡面藏了什麼，這才順利地把錢找回來。

找出犯錯行為背後的真正心思

在看到這個故事時，我們也回想一下，當孩子犯錯時，我們是怎麼樣的心情？怎麼教導的？每個人都是當了爸媽後才開始學習怎麼為人父母。

沛潔主任說：「我們也只能從自己父母身上學到教育觀念和方式，一開始會很自然地帶入同樣的做法去對待孩子。之後，我們會在這個基礎上增加實戰經驗，去教養第二個孩子。」不過，當時空、背景、人都不同了，一樣的方法可能不管用，甚至會產生衝突，「改變」不是拿來要求孩子，是從自己的教養方式開始。

藍迪家的孩子來來又去去，每個人都有不同的出生故事、家庭背景、想法和個性；老師在與孩子相處過程中遇到的各種問題，其實和一般家庭無異，只是情節輕重有所不同。例如小雯，從小輾轉於許多寄養家庭之間，在十歲左右來到藍迪家，很快地，老師就發現他有一些偏差行為，會慣性偷東西和說謊，動不動就挑戰規則和權威。一旦指正他做的錯事，他就會和對方爆發激烈的爭執，甚至情緒激動地謾罵老師，而他的這些行為誰造成的呢？無論是誰，都由我們來終止與翻轉他的命運與未來吧！

「行動的背後都有原因。」沛潔主任心疼說，「沒有人天生就會行善或作惡，都是透過學習，或受到各種因素影響，導致人做出某些行為。孩子犯錯，有時候是不知道那樣做不好，而是刻意想引起注意。因為他遇到問題，但不知道該怎麼處理。犯錯是他發出的求救信號，表示孩子需要大人幫忙、需要被導正，不想被視為壞孩子、不想被放棄！」

看似小雯這個令人頭痛的孩子，其實他自己本身也有難解的習題，無辜的他得長期接受治療，任誰若有選擇權，誰願意擔任他的角色上演他的劇本呢？老師們反覆地和他溝通，多方觀察、了解後，發現主要還是因為照顧自己的人不斷地轉換，生活環境也經常在變動，長久下來累積了很多不安的情緒，內心空虛，心理壓力也很大，導致他容易失控、做出偷竊等脫序行為，了解難嗎？接納難嗎？關上心門就比較容易嗎？

但老師同時也注意到，他偷錢之後並沒有拿去花掉，而是藏起來，為什麼呢？「如果真的用了，一定會被老師問怎麼會有這麼多錢。」和沛潔主任一起坐在窗邊，小雯終於說出來心底話，拿了錢以後他心裡很不安，沛潔主任和老師針對這點鼓勵他再想想為什麼會這樣做，最後小雯終於說出心底的糾結：「我就是常常會有想拿的衝動。」自己也知道這是他根深蒂固的壞習慣。

但偷竊是觸法的行為，孩子一定要學會控制自己。接下來老師與孩子討論改善方案：「如果你又有想拿什麼的衝動，必須試著深呼吸，回想一下現在這樣不舒服的感覺，來比較這個念頭，哪一個舒服呢？讓自己在大家的面前好過，是不是比起現在更加自在呢？」以及要這個孩子和老師講好暗號，當有這種想法出現時，拉一下老師的手，讓大人知道他的狀況。老師會引導孩子去做別的事，像是吃零食紓壓，也當做抑制成功的犒賞，這些方式不見得都好，也有可能產生各種副作用，但能解決當下的困擾也是很重要的，教育是不斷調整的相互學習旅程。

調整行為模式並不容易，需要耐心，即使是大人，要一次就改掉壞習慣也很難做到。但往往我們會看到，孩子不聽話或出現不受教行為時，爸爸媽媽或老師都是在直接開罵，因為他們感覺到別人看他們的壓力而十分挫折，所以為了掩飾失望，只好先罵人；而這個失望可能是對孩子的失望，但更有可能是對自己教養能力的失望。

只是孩子搞不清楚，只會覺得自己什麼事都做不好又總是被罵，緊張加上擔心，讓孩子更有可能犯下重複或其他的錯誤，本來就沒什麼耐性的爸爸媽媽、老師因此更為生氣，開始對孩子貼上「笨」、「壞」、「沒用」、「不乖」的標籤。卻不知道這些標籤黏性極強，會一直跟著孩子，讓他的自我認同度越來越低，沒有自信，不再愛自己。

然後會發生什麼事？

「負面標籤」的殺傷力不容小覷

孩子為了達到他人給予的標準，只好藉著欺瞞與作弊營造出不犯錯的假象，變相討好。更有甚者，有創傷經驗的孩子會以更激烈舉動，例如自殘、攻擊他人，或偽裝成凡事不在乎、張牙舞爪的怨氣與外界交流。因為這是他能確保自己不再遭受到他人來自言語或態度上的傷害、捍衛自尊的唯一方法。而且只要一次有效，接下來他就會一再用這個方式面對世界。

「負面標籤」的殺傷力是如此嚴重，能左右一個人的自我認同。因此，沛潔主任強調，孩子在改正壞習慣時，一定要明確讚美、鼓勵他在這個過程中所付出的努力，陪孩子一起跨越難關。當狀況發生並克服後，老師會和孩子討論這次有什麼進步，例如，他控制自己的時間比以前久了，或他有執行與老師的約定來緩解衝動。此外，也可以鼓勵孩子培養多方面的興趣以轉移注意力，讓他空虛、心情不好的時候有事做。

現在，曾經的問題兒童小雯長大了，離開藍迪獨立。他有了生活重心，有一份穩定的速食店工作，靠自己的力量賺錢過活。雖然有時候也會回來和老師們吵吵鬧鬧，但比起過去已經改變了很多。他還說，老闆讓他處理顧客投訴，他都能耐著性子去安撫、應對都是以前被輔導的時候學的。老師們都笑了，那些經驗竟然在這時候派上用場，還好以前常常吵架！

2-4

犯錯後我依然會陪伴著你並且愛著你

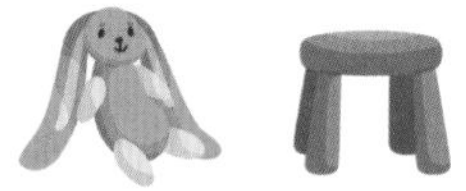

有一天下午，一位面容和善的女士穿過大家正在騎單車的廣場，客氣敲著我辦公室的門，正坐桌前翻閱公文的我起身開門，那是附近開早餐店的老闆娘，好幾年的鄰居了，我們打招呼的方式有著自己的默契，平常訂早餐，一次就是百來份，都是前一兩天就說好的，然後在約定好的日子，我上班過去外帶回院裡，從沒有親自到藍迪參訪，但這天他見了我就說：「每天早上六點三十分，會有一位小男生在我的早餐店前，萌呆呆地看著台前的三明治，他說自己沒吃早餐肚子餓，所以我就開始每天供應他一份早餐。這件事已經持續一段時間了，但我知道藍迪其實每天都有幫每個孩子準備早餐，是不是他的早餐被其他小朋友搶走了呢？」所以老闆娘親自登門拜訪，想幫助孩子準備足夠的早餐。

經過了解，我們發現小聖撒了小謊以換早

餐，就算不餓，也可能想試試演技，有著另一份溫熱的三明治在手上，也感受到與眾不同的被偏愛。

想讓孩子打開心房不說謊，得提供孩子相對安全舒適說話與被傾聽的環境，沒有人喜歡在還沒開口說話，就先被他人內心浮現的假設所套牢逼供，沒有同理的傾聽，就永遠不會聽到真實的心聲。

小聖出身在大家族裡，家規嚴厲又多，親人之間只有嚴格管教，他未曾感受到家庭的溫暖，更可怕的是，小聖親眼看見父親發怒，直接潑油燒傷母親，在極大的壓力鍋家庭中恐怖求生，時時刻刻都有受到暴力對待的隱憂，委屈求全的生活讓他從來不敢說實話，他必須極盡討好周圍親人，出現討愛的撒謊行為，也是他獲取家人溫暖的生存之道。

正值青春期的小聖也許餓得很快，可能有時必須要雙份食物才夠。每個孩子在藍迪都有自己可以動用的零用錢，買著自己喜歡的零食或3C產品，但不用花錢，又能鍛鍊演技，這讓少年郎有著每天的期待，獨享老闆娘的厚愛，這陣子讓他增添不少自得意滿的氣息。

坐在我旁邊沙發上的小聖，我感受到他那分秒自我對話的馬達運轉的熱度，他很快對我坦承自己對早餐店老闆娘撒個嬌、扯點小謊的事，這裡從來沒有高壓軍事管教，也沒有長棍家法，但安心規範讓在這裡的孩子能夠當下面對最真實的自己，不用刻意演出、更不用費心討好，因為這裡沒有處罰，只有為自己的行為負責。

欺騙善良的老闆娘，孩子得自己面對他解釋；還想要多吃一份早餐，在藍迪只要開口就有，不用上演苦情戲；想要多吃一份老闆娘親自手作的溫暖三明治也不是問題，必須花自己平日存下的錢，換得他人辛苦準備的早餐，是教育。面對自己，收拾自己調皮的後果，承擔他人給予的反饋，這是教育，不是處罰！

對事不對人——感受真 同理人不見得認同事——感受愛

來到藍迪家的孩子每一個都有自己的故事，這些故事背後的事故，偏偏都不是他們造成的，但後續引發的生命效應卻是寫入他們一生的起點，那些連我們都難以承受的重大創傷、家庭變故，他們還要生活在黃色或黑色限制級電影的真實場景裡，那些分分秒秒的驚嚇與不安，像一齣沒完沒了的驚悚片，就算現在電影散場了，那些一刀未剪的血淋淋案發現場，卻持續在他們幼小的心靈裡不斷重播著⋯

從小就生活在不安定與充滿暴戾之氣的環境，稍有小事發生，就認定自己將遭受嚴重處罰，衍生出的情緒劇烈反應、開啟說謊模式，都是高壓環境下人類所發展的生存方式，一旦印記在心裡，就算人睡在平安的機構裡，當心裡感受到即將面臨的壓力時，也會表現出「爸媽都不要我了，你怎麼可能關心我」的態度，因而關起心門、拒絕互動，此刻的他們害怕建立關係，多少在校的師長、老師、同學們能讀懂他們呢？

看在旁人眼裡，只會覺得這樣的孩子極為暴躁、難以管教。家園常駐的峰益心理師想告訴家長、師長、老師、同學們，與孩子相處除了平時的關心與照顧外，最能建立信任關係的，其實是孩子面對自己行為後果的承擔，很多人稱它為「處罰」，成人有刑事與民事，孩子的世界裡，卻有著每一個大人心中不一樣的尺規，那種害怕是不是更讓人想逃、想躲、想扯謊，直接跳過這段遭遇有多好？

當孩子發現自己即將遭受處罰時，通常會有說不出口的複雜情緒，他會擔心、緊張、焦慮，也會開始出現反抗的自保行為、防禦藉口、過度激烈的演出。我們所要施教的是明確地讓孩子知道：「你做錯『事』了，就得承擔後果」；而不是：「你是很糟糕的『人』，活該被處罰」。也就是說，我們必須針對「事」去教養孩子，而非針對「人」，只想讓他害怕或羞辱他，那不是教育，是霸凌。

正向處罰　學習承擔

面對後果就是一種承擔，在學習下一次如何調整會更好，處罰的真諦不是以暴施暴，是提供引領正面改變的方向，若處罰達不到這目的，那就換成鼓勵吧！在威脅中不會有真的認同與改變，但在愛中絕對會有，只是我們不知道灌溉的愛到底夠不夠多，他們還沒長出智慧之芽，就先面臨恐怖的關愛乾旱，當處罰變了質，又怎能感受到教育裡的深愛？

峰益心理師提醒「正向處罰」的精神，家長務必掌握「一碼歸一碼」這個心訣，無論如何都不要因為想懲罰他，而影響到平時該有的照顧與公平，該給孩子吃的飯還是要讓他吃，該幫孩子打點的還是要做到。受罰的孩子會將一切過程看在心裡，包括大人如何成熟地處理自身情緒，教養最重要的就是讓自己平靜下來，不然什麼技巧都沒有用。

和小聖談完之後，孩子知道該如何吃到多一份早餐的各種良善與公平的方式，當然也得知道該如何面對良善的老闆娘，我邀請老闆娘一起擔任小聖的教養夥伴，在被諒解、被真正關愛下，小聖對自己有信心，不必刻意演出、不必走過無數夜裡的內心掙扎，現在已離院有著一份穩定的收入，我們相信未來他將更能把自己照顧得很好，因為愛已深深種在心裏，照亮他兒時恐懼的陰影。

「當他還小的時候，還是希望媽媽能關心他，只可惜大人依舊沉浸在自己受傷害的漩渦中，不想抬頭看看孩子。」我覺得遺憾，當時也只能盡力小心翼翼的保護小聖，現在我相信小聖能反過來同理父母親的當年，而不會淪入重複當年不當的循環。

分辨孩子情緒等級，方能選擇最適當的教育方式

正向處罰指的是對應事情的正確性，當雙方平靜下來後，大人就要分辨當時孩子的情緒，才能進行下一階段的教育。峰益心理師說明，情緒階段所代表的含意：

①初期情緒：當下反應，可能是嚇到、快樂等。

②二期情緒：當初期情緒不被允許時，用其他情緒代替，例如生氣、假裝開心。

③功能情緒：有目的的情緒勒索。

若無法分辨孩子現在的情緒是屬於哪一類別，大人就會很容易忘記主要目的：跟孩子溝通與教育，孩子就會覺得轉移注意力成功，以後會繼續類似以這樣的方式保護自己的行動，利用情緒、說謊、抵死不認等，讓原本可以從錯中學的重點完全失焦。

峰益心理師建議，當看出孩子的情緒目的後，先給孩子空間，不要引發衝突、製造不必要的情緒來彼此干擾，事實上，孩子做錯事時自己也很懊惱，然後告訴孩子人生犯錯很正常，就當繳學費，從中學習即可，讓孩子安心面對應該接受的處罰；但不能逃避問題處罰，因為過度包容就會演變成孩子測試父母的底線了。

峰益心理師舉例，當孩子有初期情緒，或情緒中需要陪伴，他會在時間容許的範圍內坐在旁邊，釋放善意，但不會讓孩子利用情緒藉題發揮。老師也有自己的私人行程，當陪伴的時間到了，無法再無止盡的沉默陪伴時，他會說：「我很想繼續陪你，

但我還有其他事情，恐怕沒辦法再陪你了，等你想說時，歡迎隨時來找我。」盡量在需要人陪的片刻，讓孩子知道有人關心、在乎他們，必要時可以尋求協助與支持。

峰益心理師也強調，當孩子出現不適當行為時，先切割行為與個人。「我不覺得你是壞小孩，我想你會這樣做應該有你的理由與原因」，先給予孩子機會說明，不要劈頭就全盤否定，例如貼標籤責罵說「你就是怎樣怎樣的人」。若我們先否定了孩子，孩子就很難再信任我們，又如何期待他們會說實話呢？讓他們說明，同時也可以藉此聽聽事情是否有破綻與矛盾，進一步了解孩子心裡是怎麼想的，以及該如何面對自己的錯誤，如何彌補與承擔接踵而來的代價與責任。

有時不是我們不願意，而是從來沒有人讓我們明白，處罰也是一種愛的表現，紓解情緒的方式有很多。現在就與孩子一同學習面對情緒與人生的功課吧，這也是父母療癒自己最好的機會。

2-5

從一秒氣爆進化成溫和友善小哥哥

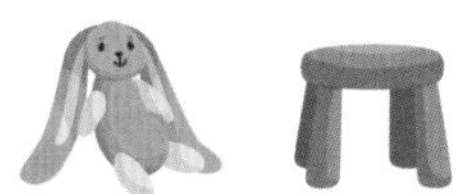

定文小五、小六的時候，開始在學校亂發脾氣，動輒摔東西、踢桌子，甚至敲牆壁、敲飲水機等等，上課時間目中無人地直接跑出教室也是家常便飯。每一次闖禍，都是社工、學校老師、家老師帶著他一起解決問題，漸漸升國中之後在學校穩定多了，但在藍迪小家裡面還是時常跟家人、家老師吵架，一旦要求他做家事、寫功課等這些他不想做的事情時，他就馬上爆炸、失控，第一個反應就是作勢要打人，「情緒障礙」是病嗎？是縱容嗎？是學習來的嗎？那沒有「情緒障礙」的人不是很倒楣嗎？

和有情緒障礙的自己相處

每個人在這社會上都要跟人以及人群互動，一生都會面臨人際關係這項課題。有的孩子個性容易害羞，習慣躲在別人的背後；有的孩子個性衝動，一被人挑釁就會爆發；更有些孩子，因為受到原生家庭的巨變影響，而有情緒障礙問題，和任何人都處不好，這是他們一輩子的功課，但在他們成長期裡，卻是我得把握的黃金教育期。

這樣的狀況在校園裡並不少見，在藍迪兒童之家，情緒障礙更是普遍，可以說是人人皆有，只有老師們不能有！這裡的孩子都是在非自願的情況下來到機構，被迫和其他陌生孩子當兄弟姊妹，很早就得與多人互動，學習處理人際關係，若大熱天大家都得擠在小坪數家裡，家，就成為人間煉獄！這也是我一直在意，並努力幫孩子尋找一個更大、更舒適、且永遠不用搬遷的家的主因，但有了獨立的空間後，孩子們的情緒障礙就能自然解決嗎？

關於定文的教育，我們跟學校開過很多次會談，讓孩子知道這些行為已經干擾到其他人，造成其他孩子的恐懼、不舒服，也在尊重孩子的前提下，引導他如何尊重他人，並在孩子自願下達成協議，當定文情緒上來的時候，請老師先將他安置在一個安全獨立的空間，以免影響到老師和學生，而讓同學對他貼上負面標籤。多次往返處理之下，社工老師發現，如果下一堂課是定文喜歡的體育或電腦課，他的情緒就會緩和得比較快，因為他知道如果不冷靜下來，就不能去上課，這個情況代表還是有他願意遵守的規範；而他也會為了這些他想要參與的課程，學習控制自己的情緒。

而社工老師在接到學校通知抵達後，先坐到定文身邊，同理並順著他的話表達支持，再跟他解釋這樣的做法會造成什麼後果，並建議他，後續遇到同樣狀況有什麼因應方法。當然事情不會簡單到一次就能解決，但至少隨著年紀越增長，也在嘗試新的方法時，獲得正面回饋，這些鼓勵都是促使他越來越願意嘗試和學習。

人際關係是一堂沒有結業的課

孩子們起爭執、吵架甚至打架時，往往仰賴大人的介入調停。調停只是暫時停止可預期的傷害或災害，真正的教育得在孩子情緒冷卻後才能施展，當大人與孩子都還有情緒時，說再多、罵再兇、打再狠都沒有任何教育意義。

我們會與孩子討論，他們希望別人怎麼對待他們？當下一次類似狀況再發生，大人會盡量用孩子希望的方式處理，同時也期望孩子可以用別人想要的方式對待對方。互相理解彼此的期待，改善孩子的相處狀況，就是養成良好人際互動的開端。

藍迪家因為孩子年齡分布範圍廣，較年長成熟的大哥哥、大姊姊就成了調皮的小弟弟、小妹妹的榜樣，經由老師的輔導與陪伴，降低孩子受不良環境、原生家庭成員的影響與刺激，自然能減少模仿或發展不適當行為，這比只知道苦口婆心地反覆勸說來得有效，經驗告訴我們念經、叨唸的模式真的都不是好的教養模式。

另外，每隔一段時間小家照顧的老師們都有可能會調整，這與一般家庭比較不同，老師是工作任務，父母是天職的任務，也發現這些變動其實對孩子的教養也有幫助，就如同一般孩子轉學，或是有新同學轉入時，每次有新老師或新孩子加入時，原來的孩子就得學習適應新人，這樣生活圈的一再變動，讓孩子有更多學習處理人際關係的機會。

藍迪家，每個孩子在人際關係的表現會因本身的個性，以及在原生家庭中負擔的責任而有所不同。曾經有一個脾氣非常好的孩子在家排行老大，情緒總是很沉穩，帶點小媽媽的味道，他關心身邊每個人的需求，也願意提供協助；與人相處時，會先告訴別人自己的底線，以及希望得到的對待方式，這些連很多成年人都不一定辦得到的事。

而且，就算有人對他做出不適當的事，也從來沒見過他鬧脾氣，更不會四處道人長短，或向老師告狀引發更多紛爭。

委屈的孩子無法建構良好的人際關係

也有些孩子的口頭禪是：「沒關係啊！我就忍一下。」即使吃虧不開心，還是習慣性先退一步。比如說兩三個人負責廚房打掃，有的孩子就是東晃西晃，沒多久就說弄好了，但總會有習慣忍讓的孩子，默默走過去幫這些投機的小鬼弄完。走在社會上的你是否也當過這樣的角色呢？如今回想起來，幫投機份子多做些，真的有達到讓他們更加尊重與喜愛你嗎？

這種情形，社工督導玉眉老師都會在第一時間跟「小媳婦」個性的孩子說，「老師覺得你很棒，不會計較這麼多，可是老師覺得這樣的狀況如果持續發生，就是一件不好的現象，畢竟這是大家都要分工合作，一起完成。」

因為玉眉老師心知肚明，孩子受到的委屈和不開心會一直累積、累積、再累積，直到有一天忽然爆掉；與其等到那時候處理，又晚又棘手，不如平日就落實公正、公平原則。沒有衝突的關係，不見得都是好的關係，迴避久了等於沒有解決問題；就算長期迎合別人，踢到鐵板後還是得調整。

越早學習正確與人際互動對孩子越好，有助於未來順利進入學校和職場。而良好的人際互動固然重要，前提是要先把自己顧好，自己的狀態好、經濟無困難，才有多餘的時間經營人際關係、關心朋友，與他人有情感的連結。

有些孩子剛到藍迪時情緒總是又直又快，就像開跑車，竟然可以一秒爆哭或瞬間爆怒；但最後離開時竟然像一輛校車，不但能好好地控制要走要停，還能溫馨接送情，十分友善又討人喜歡。

你的孩子現在的情緒，像是開著哪一種車款呢？

2-6

衝突後我們一起學習如何和好

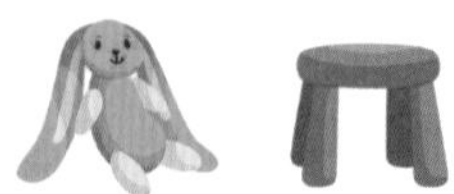

衝突，是人與人相處時一定會發生的事，不管彼此關係如何。只是解決衝突的方法因人而異，有人會習慣性的逃避、有人則老用玉石俱焚的毀滅性手段。

既然無法避免，學會如何處理自然至關重要。無論年紀、所處環境，衝突常常說來就來，懂得把握機會教導孩子化解方式，成了教育者必修課題。在一起學習調解的過程中，還可以自然地培養出愛護他人、愛護自己的能力。

在藍迪家的孩子都會遇到以下幾種衝突：孩子們之間的衝突、與小家老師的衝突、與機構體制碰撞的衝突，以及成長時期自己與自己的衝突。家老師鈞任常說，衝突教導要達到效果，有許多關鍵點需注意，若不在關鍵點上施以機會教育，就算喊破喉嚨大聲疾呼「不要吵架、不要打架」都不會有效。

衝突不是因為有人生氣，通常來自長期壓力

當孩子與孩子之間發生衝突時，鈞任老師有自己的處理方式——若不會釀成立即且嚴重的危險，他就在旁邊靜靜地看著孩子用自己的方式收場。

每個孩子都有自己表達情緒的方式，人與人的相處本來就是這樣，孩子必須找出跟對方相處的「眉角」，沒辦法一直靠旁邊的大人提點。等到大戲落幕，眾人的情緒都平穩以後，鈞任老師才會帶已經冷靜下來的孩子理性回顧衝突起因，要他們談談自己從這次衝突中學會的事情，如表達不滿的方式，對方期待的互動方式和你有什麼不同、這次衝突後對彼此又會造成怎樣的傷害等等。

另一種情況是孩子與長輩的衝突。在藍迪家就是孩子與小家老師發生爭執，原因通常來自孩子不滿老師對課業或行為的監督與指導，學校功課和小家裡的家務事，尤其容易引爆青少年時期孩子的衝突。

這之中傳達一個訊息：當孩子面臨到壓力時，不知道要如何反應這種不適感，反抗下命令者或直接引爆衝突，就是他唯一會使用的方式。因此，感受到孩子爆發的情緒後，老師或者家長、照顧者，可以先檢視這些壓力的必要性與即刻性，帶著孩子排列出事情的輕重緩急順序，幫助孩子降低排斥感，排除沒必要的情緒反應。

一旦孩子能看見解除壓力的步驟與達成目標後的願景，許多大可不必的衝突都能順勢化解。

溺愛是小霸王養成術

還有一種是與照顧者的衝突，那就是平時獲得最多關愛與寵愛的孩子，一旦覺得自己受到不公平待遇或遭到冷淡對待時，就會特別憤恨不平，而伺機引爆衝突，以提醒家人，把關注重新放在他的身上。

一般而言，爺爺奶奶帶的孫子女通常會過度寵愛，在這種溺愛環境中長大的孩子，往往學不會拿捏適切依賴的親密感，討愛的行為只會越來越誇張，一旦照顧者決定制止後，只會產生與他的疏離感，有礙日後發展成熟個性。鈞任老師建議先檢視關愛需求的合理性，若太超過還是得在第一時間拒絕。

第三種衝突則來自孩子與體制的碰撞。這常發生在進入青春期的孩子，因為想展現自主權，而反抗學校所給予的制度與作息等一切規定。

這是每個人都會經歷的成長過程，教育者應藉此機會教育，「既然覺得自己是大人了，就該學習用成熟大人會有的方式來溝通」，以此引導孩子以管理者的格局思考，如何協助所處的機構更好?也讓他有機會反思,現在衝撞體制為的是大我,還是私我利益?

衝突是了解自己的絕佳機會

從小就得培養孩子面對衝突的正確態度。衝突發生後先檢視自己,若抱持著「都是別人的錯」的想法,相互指責就會永無止境,對於化解衝突毫無幫助。孩子也得學會承擔衝突的後果,以及修復工程,總不能永遠都兩手一攤說「不是我先開始的!」

人生路上都會遇到各種大大小小的衝突,有的來得很臨時,像交通意外事件;有的是長期受到委屈後一次爆發;有些導火線則是埋藏得很深,可能連自己都沒發現。衝突像是身體痛感的警報系統,透過各種衝突事件,我們學習圓融處事、學習避開危險、學習化解危機。在每一次的衝突中學習一件事,就不會浪費為事件付出的體力、時間與情緒,一點一點地累積經驗、有所成長。

2-7

用對方法教育，叛逆期也能很甜心

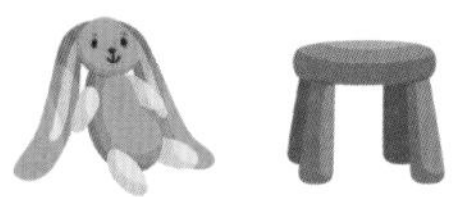

說到「管教」，大人常覺得自己的苦口婆心總是被孩子一一頂撞。其實我們的管教都出自於愛，希望孩子未來能好好地生活；而要他們明白這點，就要用對方法，透過良好的溝通以及身教，讓孩子自然地銘記在心。

藍迪家王老師，最在意的就是營造出一個充滿關懷與愛的「家」。但這不等於受過苦的孩子，機構或社會就必須補償他們，把他們寵上天；或是說，他們就對所有規定免責。

危險行為就是要避免，無法妥協

錯誤中學習不包括危險，因為很多事是不能有個萬一的，而孩子畢竟還是孩子，有時不懂大人的苦心，大人越提醒越覺得好玩。例如晚上睡前刷牙，有些孩子會拿著或咬著牙刷跑來跑去，其他人有樣學樣，非常危險，看得大人心驚膽顫，深怕孩子追撞或跌倒，將造成無法挽回的傷害。

這種時候，王老師會用演戲的方式告訴孩子後果有多可怕，讓其他模仿的孩子先停止動作，再處理帶頭的孩子。也會藉著自身受傷的機會，誇張地拐著腳走路，用實況做機會教育，希望藉由劇情讓孩子記住。另外更需要適時提供可以滿足孩子跑跳的機會跟場所，也許日常多安排適合的場所。

建立生活規範才有和樂家庭

王老師希望住進小家的每個孩子，都能夠建立起有規範的生活習慣。除了穩定的作息時間外，小家的家務是會讓孩子自行認領工作，先挑自己喜歡的家務來做；重點不是維持家戶內的乾淨程度，而是養成每天都要做一點家務的習慣。更重要的是，家長自己也要做，把這事當成全家固定的活動，除了示範之外，也會成為親子互動獨處的時間拉近跟孩子的距離，滋養著孩子。

當然，有時候孩子很難叫得動，以簡單的「摺棉被」來說，明明是起床馬上就可以解決的事，但有些孩子就是會耍賴，放著棉被不管就跑出去玩了。王老師建議，做父母的與其嘴上碎碎念，搞得自己渾身都是氣，孩子聽了也不耐煩，不如在他玩玩具、看電視時，走到身旁提醒他，並牽起孩子的手一起去做完該做的事；此刻孩子感受到他當下喜歡、正在進行的事，被打斷的不舒服，提醒未來他應該先完成本分的事物才會有更完整的娛樂時間。

說清楚講明白　叛逆期的孩子並不難教

而無論父母或老師，在養育孩子的過程中都得跟著孩子長大。幫孩子告別童年進入青春期時，家長也要改變心態，必須接受你的孩子現在可以講道理了，一味地用禮物或獎懲，不如直接把原則說清楚，溝通一個孩子接受也願意遵守的規範，讓他們有得到尊重、有人理解的感受。

例如暑假的各類活動，可以和孩子討論選擇，大人先說明清楚哪些一定要參加、哪些可以自由參加，彼此協定後就不要擺臉色，因為自己的選擇要自己負責，其他人參與者無理由承受你的負面情緒。

把自己生活照顧好了，才有可能談感情、迎向未來、擁抱夢想，因此除了生活習慣與個人衛生等基本要求，下一步才能培養孩子們面對失敗的勇氣與解決問題的能力。

不管這世界變得多麼高科技，在社會走跳最需要的還是人格特質。因此王老師提醒家長，身教加機會教育永遠是最好的辦法。

而為了在社會中更順利地求生，每個孩子都是社會資產，也是社會未來美好的力量，擁有「愛自己與愛別人的能力」，在青少年階段是養成的最好時期。

長住在機構孩子，一旦進入青春期，有些人會覺得整個世界和社會都虧欠他，所以大家都應該讓他、包容他，因為他最可憐，甚至小題大做，開始有亂發脾氣等問題。王老師的經驗是找出青少年介意的罩門，善用這些罩門來勸告他們，譬如說有的青少年很介意人家說他「幼稚」，王老師就會說，「那你就不要跟幼稚的同學計較」，或者是說「你現在這樣的行為真的很幼稚」等等。

其實，青少年和一般小孩相同的地方在於，他們最需要的還是陪伴，所以很多時候只是聽他們發發牢騷，讓他知道你會在他身邊就足夠了，沒有一定要灌輸什麼大道理，或訂下什麼規矩強迫他去遵守。

愛，無法管、更無法教，只能一次又一次讓孩子感受，用身教與鼓勵一點一滴注入，用包容與耐心陪伴他們長大。王老師由衷地說：「親愛的孩子，不管你幾歲，有人管你那是一種倍受呵護的幸福啊！現在的管教都是希望你成年後，有打理自己生活的本事、有面對未來挑戰的勇氣、有愛自己與他人的能力。」

2-8

療育當年受傷的自己才是教養的第一步

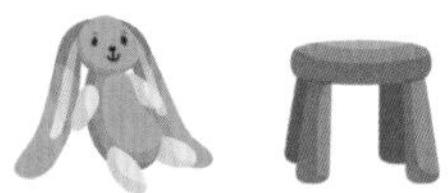

這幾年有許多專家學者、心理師在討論「拒學」現象。一般而言，「拒學」指的是孩子，尤其是已進入青少年的孩子出現拒絕到學校的問題。他們給的理由很多，有些說他只想待在家打一天的電動，有些會說同學和老師霸凌他，有些則是直接擺明他跟不上學習速度，或是他不知道念書要幹嘛。

這種案例想當然爾容易加劇親子衝突，搞得全家人仰馬翻、精疲力盡。而外人看在眼裡，只會直覺認定，孩子之所以能夠「拒學」，一定都是父母太寵、放縱他們。在我的經驗中，孩子「拒學」，也有可能因為感受到外來無法排解的壓力，拒絕上學只是表現出來的行為，首當其衝還是要找出壓力來源。

媽寶的媽才是需要教育的對象

「拒學」背後的原因非常多，澄語心理諮商所明芬心理師在替這些家庭診療時，常發現他們有一個共通點，那就是父母會隨小朋友的情緒起舞，只要孩子一發脾氣，父母就會讓步以避免衝突，放棄找出原因，最後就變成孩子花越來越多時間在逃避上學，越來越難走出來。

「也可以說，父母親處理這件事情的態度，可能就是造成孩子拒學的原因。」在這種情況下，父母才是需要診療的對象。

每個人照顧孩子的方法，都是跟自己的父母所學，無論是過於寵溺孩子，或是對孩子家暴的人，都一樣內心受了傷，需要先療育他們，才能避免他們用錯誤方法教育孩子；否則更糟的是，孩子學了這個方法後，再把這個錯誤方法拿去教自己的下一代。

現在社會上常見的爸寶、媽寶就是一例，在看到「寶」時，我們要先來看「爸媽」的問題。通常這種父母的特色就是想要包辦小朋友所有事情；當然，他們所謂的照顧，其實是全方位的控制。如果認真分析，為什麼這個爸爸／媽媽需要去照顧一個人？可能在某些心理層面上，他認為有一個孩子讓我照顧，幫他處理好內外所有事情，甚至我身邊的人我都控制得好好的，是有能力或者是好父母的證明。

追溯原生家庭時可以發現，這種父母通常來自兩個極端狀況。一種是成長過程極度缺乏關愛，所以「照顧人」或「受人照顧」對他來說，就是有能力和愛的表現。另一個極端狀況是他小時候也受到非常綿密的照顧，所以等到他長大，開始有控制感的時候，就用同樣方法管教孩子，甚至可能在他的理解裡，小朋友本來不需要擁有掌控自己生活的能力，父母親控制一切才是合理的。

回到上述案例，父母為什麼擔心孩子生氣，而不肯拿出堅決的態度、畫下界線？很多父母抽絲剝繭後給出來的理由是，怕小孩一生氣就不愛他了。

其實家長要理解，對孩子或人來說，成長階段本來就會面臨很多限制，從小寶寶接受如廁訓練開始，上學、人際關係、法律規範等等，雖然都會帶來某種程度上的壓力，可是「界限」是在幫助孩子成長和自律，是可以控制的成就感。孩子不會因為掌控自己的人生，就少愛父母一點，愛和界限，這兩件事並不衝突。

溺愛與虐待都是不懂拿捏愛

除了過度保護孩子，另一種「控制」孩子的方式，就是虐童。藍迪之家曾經輔導過一對飽受家庭暴力之苦的兄弟，兩個孩子對事件的反應與承受方式全然不同，哥哥總像個刺蝟，極力反抗外在世界，個性十分火爆；弟弟則習慣討好身邊所有人，態度畏縮懦弱。這樣的兄弟如果沒有經過適當輔導，很可能在當了父母之後，一個繼續家暴自己的孩子，另一個則是把孩子寵得無法無天。

套一句電影名言，生命會自尋出路。受到家暴或是父母疏於照顧的孩子，自己會發展出一個他可以應對的方法，而且這個方法會影響他一輩子之後所有人際關係，因為他覺得「這是我唯一可以生存下來的方法。」

這些曾經受過傷的家長，不論自己有沒有意識到，潛意識都會認為用「我的方式」才能夠成功活下來。因此，他也會希望孩子能夠體會這樣的心境，再分析更複雜的層面，這些家長會認為，跟孩子有同樣的經驗，我們的關係才會更親近。

就算在一般家庭長成的我們，也會在沒有察覺的狀態下沿用父母的管教方式。所以孩子在進入青春期後，家長往往不明白，為什麼用一樣的方式孩子忽然劇烈反彈，讓雙方一再起衝突，父母覺得受傷，孩子也不開心。

這時家長可以停下來自己想一想，你覺得受傷或是感到挫折的原因是什麼？是遭到拒絕或有人否定嗎？這會不會跟自己過去總是遭到父母親拒絕和否定有關係？那你現在選擇的這個方式，真的適合你的孩子嗎？還是只是因為你習慣？

停下腳步先療育受傷的父母

要療育受傷的孩子，需要長時間的陪伴和輔導；而要療育已經傷痕累累的父母，更難！

有些父母在罵完孩子之後會很自責，其實大可不必。因為世界上不會有「完美的」父母，我們只要做「夠好的」父母就可以了。不過，更多時候是，家長沒有意識到或不願意承認，他的教養方式有問題。這時候社工師和諮商師能做的，就是將輔導重點轉移到孩子身上，讓他知道父母親的寵溺、控制、暴力甚至虐待，都是不對的行為。

療傷這件事在親子關係中非常重要；不管幾歲，所有孩子都願意也想要跟父母修復關係。受到嚴重家暴的孩子，其實都在等爸爸媽媽一個道歉，只要大人說句：「對不起，我之前對待你的方式錯了，我覺得很抱歉。」這些孩子就能往下走，用更健康的方式開拓自己的人生，避免這樣的惡性循環延續到下一代。

2-9

別讓關愛
成為孩子成長中的負擔！

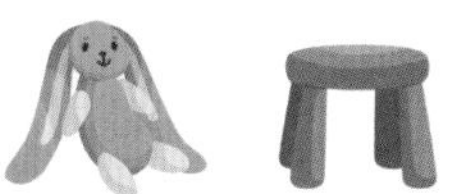

在藍迪家常常會遇到「小大人」，這類孩子不一定懂得照顧自己，但他會很努力想照顧別人；看在旁人眼裡，只會覺得超齡早熟的他處處在討好別人，這個早熟不是由內而外真實散發出來的，而是他必須如此才可以生存。

下午，藍迪家國小的孩子回來了，第一時間就是衝進廚房，因為翠香阿姨總是會做好點心和水果給飢腸轆轆的他們享用，這是晚餐前的點心時間。這時候就看到智嘉跑來跑去主動服務大家，一下子叉子，一下子面紙的，他常忙到最後才吃，有的小朋友簡直把他當奴隸使喚，惠敏心理師注意到這個情況，把他找來聊聊。

智嘉聳聳肩、笑得毫不在意的樣子：「沒關係呀，因為這樣會讓我覺得我是被需要的。」

惠敏心理師繼續問他：「你發現大家需要時有什麼感受？你覺得他們對你好不好？有把你當真心的朋友嗎？」

他沉默了好一下，才小聲地回答：「如果我不這麼做的話，就沒有人會理我，我知道大家不喜歡我，但至少有注意到我。」

必須照顧父母的親職化孩子

在上一節內容提到，父母在過往童年時期遭受不正確的對待方式，有些會轉化為過度溺愛自己的孩子，社會上一般稱之為「媽寶」或「爸寶」。

出現這種現象，可能是父母具有強烈的控制欲，也可能不同意或不相信自己的孩子有獨立思考的方式。如果孩子有違抗行為，父母就會出現：「我做的這一切都是因為我愛你。」「我是為你好」等等語言，而這樣的言語時則是反映父母自己面對自己的好意未被孩子接受的失落心情，這樣的失望心情為父母來說真的好難受呢，所以無形中也讓語言轉化成類似情緒勒索，事實上是值得父母好好先照顧自己的契機。

倘若親子間尚未有智慧意識到這樣的言語對孩子成長的影響，那有可能比較以父母為天地的小孩，出現「親職化」現象。這種站在父母肩膀上親職化的孩子可能出現一再強迫自己照顧他人，把注意力都放在他人身上，很容易讓自己陷入討好的角色較難得到他人的尊重。再者因長期忽略自己的感受，也認為自己不重要，時間久了也會呈現不相信他人會照顧自己、關心自己。

這些孩子長大後為人父母，很容易就當上「媽寶」或「爸寶」，因為他們和那些寵溺孩子的父母有一樣特色，那就是「爸爸／媽媽好需要你」。

媽寶所造成的社會亂象問學校老師、問職場主管最知道！苦水三天三夜說不完，甚至得掛身心科門診治療創傷，相信從小到大或多或少我們都遇過媽寶，也可能自己養出了媽寶而不自知，很快我們的未來將交給這群媽寶主掌，你會感到憂心嗎？現在我們又將如何因應呢？媽寶會變成寶媽（爸）再培育更多的媽寶嗎？

「我要問我媽！」這是媽寶會說的話。在我們羨慕媽寶與媽咪有著非常黏膩與依賴的親子關係時，也覺得媽寶太無能吧，但問題會不會出自於寶媽（媽寶的媽）呢？

澄語諮商所心理師分析，寶媽太害怕孩子受挫受傷了，他不知道的是，過度呵護其實不是愛是傷害！寶媽自己的能幹應該用於訓練孩子更能幹，不是幫孩子承擔與解決問題，隨時準備降落的直升機父母，只會造就等待救援的無助孩子，遇到難題時只會找媽，忘記施展所學的能力，若寶媽過度參與孩子日常生活，就是剝奪孩子原本該有的失敗機會，這份愛對於媽寶來說會不會是負擔呢？日積月累不能解除的甜蜜負擔難道就是他們這輩子的宿命嗎？

媽寶社會之亂也不能一面指責寶媽，惠敏心理師指出寶媽也可能在成長時期缺乏父母的愛，在成長過程中曾經獨自面對一切生活難題，特別了解無援的艱辛，因此當自己成為母親時會特別不希望孩子歷經那樣的苦，但卻也忘了自己一身能幹就是有了這些歷練才造就的，也沒想到這樣過度替孩子出手，會不會造成孩子遭受同儕異樣眼光甚至是排擠呢？另外寶媽現象也會出現在夫妻關係失衡的家庭裡，自認為是失敗的妻子會特別想擔任別人眼裡成功的母親，找到機會刻意搶表現出頭出面，拚命關心孩子躲避夫妻關係的緊張，不斷證明自己不是失敗者。

難道寶媽不知道要放手嗎？知道又為何做不到呢？放手不是放任，當孩子求援時不是幫他出頭，是要當他們的後盾。家之所以是避風港，是修復身心的地方，父母應該鼓勵再出發，不是替孩子出頭護航，父母的愛應該是學習如何將孩子養大成人，以下這些指標都可以隨時檢視當下寶媽的你，衝動救難的工作是愛還是害？成熟的大人應該得學會處理以下事務：

1 有能力與陌生人交談	2 懂得自我培養重要的生存能力
3 能管理自己的功課與工作	4 懂得規劃生活與時間
5 願意幫忙處理與分擔家事	6 會賺錢也會管理財務
7 敢於冒險	8 能夠逐步規劃實現自我夢想
9 能夠獨自處理人際關係，包含交友與處理衝突	10 有忍受挫折的能力，勇敢處理人生的起伏

相信生命自己會找到出路，讓孩子面對失敗，凡事夠好就好，太過追求完美會讓孩子因為害怕失敗而不敢嘗試，做孩子的貴人，將來才能成為社會的棟梁，而不是哭天喊地找媽的寶。

翻開「家庭的帳本」找愛的債權

而在一般家庭中，也常有這類現象。為人父母未必要求孩子承擔經濟責任，但他會一再提醒孩子：你應該要愛我，你有責任義務愛我，聽我的話才能表示你愛我等等。追根究底，這樣的父母有可能在他還是孩子的時候，得不到自己父母的愛：

「爸媽欠我的，我要我的孩子來還。」

「過去的我沒有辦法感受到父母對我的愛，我就要從孩子這邊索取。」

「因為這樣才會讓我們的連結超級緊密，不像我跟我父母那樣生疏。」

這樣索要的借貸情況，常稱之為「家庭的帳本」。

孩子還小的時候，可能很享受父母這樣的溺愛和全面控制，但當他進入青春期時，因為那是內外在變動最激烈的時候，原本孝順的孩子往往異常叛逆，背後原因可能就是他積怨很深，在此時爆發出來，常見的情況就是一整天跟家長講不到一句話，因為他有太多感受說不出來，畢竟照他過往的經驗，如果他有不同意見，就代表他不孝順，所以寧可選擇不說話。

而父母親必須意識到自己的孩子，因為他的行為而不快樂，否則衝突只會越演越烈，僵局難解。

放手讓孩子獨立　別再用你過度的愛困住他

為了彼此關係的健康，不要讓孩子承擔自己過多的情緒；簡言之，不要過度依賴孩子。以下提供一些自我評估標準，看看哪些跡象顯示父母可能有過度涉入孩子成長，不利於孩子獨立的可能性：

①旁人總是在告訴你，你需要放手、你在控制孩子或太寵孩子、要讓他試著長大等等，讓你困惑自己關心孩子有什麼不對？為什麼旁人總是如此相勸？

②你看不過去孩子的行為舉止和生活能力，總忍不住跳出來幫孩子做完。例如孩子回到家不拿出便當盒，你就自動自發「幫」他拿出來並且洗好。

③孩子的言行舉止與實際歲數有極大落差。例如已經高年級了，仍然如同幼稚園小朋友一樣，無法自己綁好鞋帶。

④孩子遇到大小挫折時，唯一應對方式就是大哭大鬧，找你哭訴求助或直接放棄處理，以逃避取代嘗試。而這招每次都有效，因為你會跳出來收拾善後。

⑤你喜歡孩子凡事依賴你的感覺，幾乎不會拒絕他的所有要求，或是很容易退讓，與孩子約法三章最後都無法辦到。

⑥你認為身為一位好父母，就是要提供無微不至的照顧，放著不管就會有極深的罪惡感如影隨形。

⑦孩子生活常規上許多辦得到的事情也會向你求助。例如早上起床明明可以自己設定鬧鐘，卻總是依賴你叫醒他。

⑧孩子與你相處起來總像「黏人精」，無法為自己做任何決定，大大小小事情總要問過你的想法與意見，彷彿沒有你的指令便無法動作。

⑨就你的觀察，或所接收到他人對孩子的評語中常會出現「不負責任」、「幼稚不成熟」等評語。

一定還是有父母覺得，不是我太寵孩子，是孩子真的還不會，他還需要我。那要如何判斷孩子需要你，還是你依賴照顧他的感覺呢？

父母不依賴孩子的第一個特徵就是願意承認孩子是獨立個體，有自己的思考能力。惠敏心理師提醒，家是避風港，是修復身心的地方，放手不代表放任，當孩子求援時，父母應該當他們的後盾，而不急著幫他們出頭。讓孩子自己面對失敗，凡事夠好就好，若太過追求完美，會讓孩子因為害怕出錯而不敢嘗試。愛孩子，就做孩子的貴人，這樣他們將來才能夠自己好好生活、走出想要的人生，成為對社會有所貢獻的人。

名人教養經

張貴傑

淡江大學教育心理與諮商研究所副教授兼所長

跟藍迪的緣分好多好多，好像說不完整，說不清楚。

從跟李家三姊妹的認識，到他們成為我的研究生，在實務及專業學習，以及論文的「壓迫」下，我看見那些如何面對自己、挑戰自己，面對挫折、背叛的苦痛與反思。

藍迪沒有退卻，一直想要走出一條在安置道路上，陪伴孩子，適性的機構經營模式。從討論是家族企業的私有單位，還是肩負保護兒少其中一塊重要拼圖的無私機構，從大園田野阡陌間的鐵皮機構開始，到現在為孩子及教養模式量身打造的安身立命產權清楚的「家」。這一路行來，沒有雪櫻的堅持，以及所有姊妹及家人，同仁，各個公私部門單位的鼎力協助，實在很難想像藍迪可以真正成為安置兒少的家。

專業工作人員因為制度的建立歷程，以及教養模式的摸索來來去去，但是領導的核心團隊很清楚價值，以及堅持的。所以，這些年看見越來越多優質的專業夥伴加入藍迪的行列，摸索著前行，這一路從旁邊看著，很感謝。

我的研究專長是安置，反思寫作。我的實務領域專長是社會工作及諮商，長年在兒少保護的系統裡進行實務督導，從寄養的研究領域，到安置兒少機構的設置與營運，應該說是廿幾年來沒有間斷。

我看著藍迪的成長，看著李家三姊妹的成長，聽到他們要寫一本書，告訴全天下的父母，讓孩子有個安全的家，我是感動的。

在看完書稿之後，我想告訴藍迪的夥伴：

「我們成為具有學習與反思能力的大人，陪伴與安全才會真地發生。」所有的專業知識與技能，都跟施作的人有密切的關係，沒有不犯錯的大人，所以我們不可能期待孩子不犯錯；重點在不論是對與錯的決定，都可以在「承認並接受」以及「反思中前行」。

生命是一段旅程，我們跌跌撞撞的前行，引領的是那個持續的善意與反思。

祝福藍迪。

名人教養經

吳蕙名

親職教育講師

運用情緒的氣象報告，降低孩子暴走的頻率與強度

面對動不動發脾氣的孩子，是一件十分困擾的事。

我以前也常陷入這樣的困境中，不知道該怎麼樣與情緒障礙的孩子和平相處，加上他突如其來的發飆，更牽動我原本焦慮的心，進而讓自己的理智線瞬間斷線。即使事後懊悔不已、不斷自責，但下次仍然重蹈覆轍，不斷沉淪在這樣的惡性循環中⋯

後來，學到情緒的專用氣象報告——情緒曲線，終於讓我有所依歸，開始慢慢脫離過往總是硬碰硬的火爆場面。

原來情緒就像溫度計，共有七個時期的變化，不是一下子就到發飆的高溫階段。人的《行為特質》在各階段的演變，是由第一期的「平靜」狀態，轉換成「分心」、「抱怨」、「沒行為、凍住」、「爆炸發飆」、「羞愧」、再回到第七期「平靜」的一個歷程。

情緒曲線理論，是由美國知名學校安全及暴力預防專家傑夫Colvin Geof科爾文所提出的。如果大人可以運用情緒曲線，就能掌握孩子此時的情緒現況，找出最適當的因應策略，可成功避開促發孩子情緒變成狂風暴雨。同時，這也可訓練孩子學習如何適切面對處置自己的怒火的安全引導。

更棒的是，情緒曲線無論是針對輕度、重度、或動不動就暴走的孩子有效外，也適用於我們正常的家人及朋友。

當孩子行為落在「分心」、「抱怨」、「沒行為、凍住」的階段時，大人要先「協助孩子解決背後真正的問題」，並「轉移注意力」以降低小孩生氣的強度。

孩子生氣是因為背後有個需求沒被滿足，所以常常會用「發怒」的方式在表達自己內在的不舒服。如果此時，大人能發掘促成他不開心的原因，並給予滿足後，小孩就無須用憤怒來表示。這原因可能是同學太吵，只要把他和同學分開，就可降低被遷怒的強度了。

用孩子喜歡的事物來吸引他的注意力，也是有效中止他憤怒飆升的好方法。

當孩子已到「爆炸發飆」狀態，「安全」是最重要的，可讓他在安全環境中發脾氣，因為人在暴怒時，說什麼做什麼都沒用，要先讓他降溫。

等他發完脾氣後，理智回來了，赫然發覺自己又犯錯了，此時孩子的心態是「羞愧」。大人要特別注意，千萬不要在此時指責他，免得他惱羞成怒，又回到「爆炸發飆」狀態。所以，「同理」孩子其實也不想大吵大鬧的想法，有助於他回到第七期的「平靜」樣貌。

第一期和第七期都是處在平靜下，但第七期是經歷過做錯事的過程，因此，在此時教育孩子，他才會印象深刻並有機會懂得下次該如何做。

人與人的情緒是相互影響的，大人也是會被小小孩惹毛，因此大人要先穩住自己的心。當您覺察到自己有些情緒波動，建議可暫時離開現場，緩和一下心情，平復後再回來引導孩子。

真的很不容易，這是場「修鍊之旅」！祝福您一切會更好！

名人教養經

唐湘龍

台灣資深媒體人、名嘴、廣播節目主持人、政論節目政治評論者

育幼院裡的教養，是個巨大工程，我有必要留下一些文字。當「藍迪」要出一本教養書。

「私立藍迪育幼院」。我就當作各位都很熟悉。至少，如果是我廣播節目的聽眾，「飛碟早餐」的聽眾，應該很熟悉。以前在大園，寄人籬下。現在在楊梅。藍迪有了自己的院區。這是這十多年「我和藍迪」的緣份裡，最大的變化。

我沒做什麼。募款？有。賣咖啡？有。小朋友的咖啡，在專業大師的指引下，現在是我的「日常必備單品」。不過，我的聽眾朋友們，就很了不起。不只是捐款，成群結隊去藍迪當農夫。還有更多、更多、更多的「無名聽眾」。真的「無名」。我一個都不認識。他們有錢出錢，有力出力，給「藍迪」的幫助，我就當這輩子欠的人情。一併致謝。

至於致伸科技梁董伉儷的豪舉，還有「超級雞婆」張琪（對，就是那個張琪），因為飛碟，對藍迪至情至性的投入，以前沒說夠的謝謝，在這裡一起說。

「藍迪」不只是育幼院。在這個快速變遷的社會結構，許多成年人自己都迷失的時代，高風險家庭隱藏在許多角落，等著翻新社會新聞裡的悲劇劇本。我認識藍迪，無非就是從「社會新聞」開始。社會新聞裡常常有這麼一段沒頭沒尾的敘述：某個家庭悲劇裡的未成年孩子，被地方政府的社工人員帶走「安置」。然後呢？「安置在哪？」「這些孩子後來呢？」沒有了。

後來我知道，有些孩子到了「藍迪」。然後呢？「到了藍迪之後呢？」這些孩子的童年破碎，安全感匱乏，有的，甚至就是我在社會新聞中看到的「倖存者」。所謂的「健康、快樂、正常」成長，那是奢侈品。

育幼院不是「家」。我是說，它沒有辦法完整複製一個「帶有原生血緣和倫理的家庭結構」。遮風蔽雨，衣食溫飽，這大概辦得到。但許多依托在家庭結構來傳承的價值和教養，是育幼院最難做到的部份。我關心「藍迪」，是因為：一、這些孩子多數在暴力和遺棄的陰影裡長大，高風險家庭的孩子，人生的風險系數是非常低的。二、「藍迪」想調高他們的風險系數，盡可能「模擬」一個「類家庭」的成長環境。

最困難的是信任。以及基於信任而來、符合社會期待的教養。不只是教他們、養他們，而是讓他們「有教養」。這對育幼院的孩子很重要。一般人不容易理解：沒爹沒娘沒家教、豬生狗養大，這種罵人的話，對一般人來說，小傷。對育幼院的孩子，大傷。因為那本來就是他們的傷。

我是沒資格談教養的。不管我被教。或是我教人，基本上都不算成功。我對於「沒教養」三個字很敏感。從小，當我被罵的時候，不只是屈辱感，更多的時候，我覺得茫然，手足無措。

簡單講，教養是我很難談論的事情。沒有的東西，就沒有了。

不過，我想告訴大家，「教養」不是平常口語中的模糊字眼，它不是「有禮貌」、它不是「裝氣質」，禮儀、談吐、穿搭，那可能是一個人家庭教育成功與否的視覺條件，不過，我認知的教養是一種社會生存法則。一種在複雜社會人際網絡裡，很快找到一個最適合的行為模式，讓自己舒服，也不讓人難過。然後融入社會，完成人生的訓練。這套訓練必須透過「內化」去完成。它需要時間，環境，以及有心的教養者。「藍迪」在做這件事。

這種事，沒有百分之百。朝著標竿前進就是了。

我遇到一些在「不完整家庭」、「高風險家庭」裡長大的孩子。他們普遍覺得我很懂他們。其實這不難。因為我也住過育幼院。這個經歷，當然不是我選的。不過，在我這年紀回頭看，我知道這是我的「奇異恩典」。

常態的家庭，都差不多。失去功能的家庭，都差很多。每個這樣長大的孩子，都是一齣戲。我希望大家對這樣的孩子多一點「教養」上的理解。他們，包括我，都有一種病，我稱之為「原發型的孤獨感」。這是對這個世界信任感不足所造成的。「這是什麼?」你如果不懂，就不必問了。幫幫「藍迪」就是了。

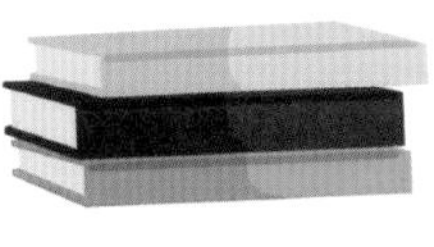

TIPS 處理技巧

◊ 可以討厭某些人的行為，但依然愛著他們。

◊ 「接納」要從自己做起。

◊ 對事不對人，不要幫孩子貼標籤。

◊ 分辨情緒，讓孩子從處罰中學習。

◊ 越早學習正確的人際互動越好。

◊ 讓衝突發生，正面化解並教導善後。

◊ 有愛的雙向溝通是「管教」的基礎。

◊ 修補情感缺口，才能好好地愛孩子。

◊ 當孩子的後盾，不要當孩子的直升機。

第三章 品格

尊重與負責的教育力量

院長的話

品格國際大師湯姆撕．李寇納博士(Thomas Lickona)的著作《品學兼優標竿學校》中提出，達成以品格為本，最重要的是培養學生「尊重」與「負責任」的態度，而如何讓孩子有效學習情緒管理、面對問題、開拓人際，以及父母與孩子如何維持良好親子之間的互動，不僅僅是規則的制定，更重要的是引起動機。藍迪的教養具有兩個重要的目的，幫助每一個孩子健康成長，以及幫助孩子懂得良善。

藍迪團隊如何具體幫助孩子在學習上、生活上可以做得更好，發展初期特定的品格能力，包含勤勉、倫理、正向積極的態度，如何滿足其需求和明白如何與人相處，建立良好的互動的品格能力，如尊重、品格能力，誠實、公平。這則是老師們日常責無旁貸的作業。

立基於品格是生活基礎的教養概念，品格是透過學習學會的，安置機構如何透過具體行動的力量來實踐呢？我們堅信所有的改變，得從自己開始。老師們透過建立小家榮譽制度，例如：愛家服務、集點獎勵、小小志工等，與孩子談天說地聊品格，以及環保小尖兵，清掃小家、清理生態池、庭院的澆花、除草等，及辦理各種活動院區外圍的維護、農場的維護。更引進外部資源舉辦各種體驗活動，例如：多元文化體驗、淨灘、用餐禮儀等，期以做中學，培養孩子正向積極的競合能力，能為自己的決定負責任，更期許未來能有「做人方正、做事圓潤」的人生態度。

3-1

品格養成 從對自己負責開始

升上國一開始，家家給自己訂下一個自立的目標——成為家裡的模範。主動幫忙做家事、騎單車、煮飯、打掃、洗衣服等把自己打理好的本事，也包含培養自己的興趣與能力，家家會打木箱鼓、彈鋼琴和打籃球，最重要的是，家家會主動教弟弟妹妹寫作業，「自立」可不是自掃門前雪而已。

藍迪家與一般家庭最大不同在於，依照現行法令規定，若非繼續升學，到了滿18歲時就得獨立離開藍迪家。在陪伴的過程中，我也會讓孩子們也清楚知道，自己的事情也得要自己負責，所有的結果也是要由自己來承擔。然而對於一個剛滿13歲的孩子要在短短的五～六年內學會自立，這些都是不小的心理壓力，在工作歷程中，我們發現適當的壓力能培養孩子自動自發的好習慣，在藍迪家是滋養出豐厚羽翼的一段歷程，接下來一輩子的日子則要靠每個人自己的雙手來支撐的。

先放手賦權給孩子　才能長出負責任的態度

藍迪家重視孩子的學業成績，更重視孩子對人對事態度；態度對了，接下來人生大小的課題都能迎刃而解，回看我們自己的人生，課業的內容或許早就忘了，然深刻記得是我們如何從人生的挫折中，對自己負起全責、靠著自己的應變能力與處世品格，從低谷中漸漸走回正確的路徑中，這一路上所經歷的事、所遇到的人，既是我們的阻力也是助力，如何面對與因應也都來自於我們如何看待眼前的關卡！

態度、負責與賦權，是藍迪家希望給孩子的三把迎刃而解的關鍵鑰匙。

「唯有態度正確才能接收新知識，唯有學會負責才有能力選擇，而以上的願望，前提是要『賦權』給孩子，否則都是空談，因為要給孩子學習和經驗的機會。」仕喬老師說。

家家乖巧懂事，卻是典型的大宗零食消滅機，幾乎把每個月領到的零用錢全都花在買吃的，因為吃零食會讓他覺得很開心，也會跟同學聚餐。因為美食和甜品，對一位表演科女生來說，是在學校長期體力與耐力訓練之後，給自己最好的鼓勵。

「選擇沒有對錯，得自己負起結果產出的責任。」這就是藍迪的教育理念，老師們不反對家家吃零食，而是在他預備學期表演的幾個月前，由營養師採用透過營養建議與計畫為家家做體重管理，期待他在術科上的亮眼表現，並展現女高中生的自信與亮眼；經過師生共同的對話和討論釐清目標，「賦權」才不成為變相逼迫，也看見家家自己的意願，為了做好體重管理在這段時間得暫時跟零食說掰掰。

「賦權」就是尊重孩子選擇的權利，遇到問題時，老師們隨時可以提供資訊，並與孩子們共同研討解決方法。

學習需要高度耐心即便是微小的事情

「解決問題」是一條漫長艱辛、沒有捷徑的路，照顧者須釋出最大的耐心，自小累積點點滴滴的引導與教養，慢慢點滴成河。順暢學習首先是要有意願，多數的老師會嘗試新事物的態度引導探索，舉凡一點點的小成就對於學習者來說都是一件不容易的事情，如若孩子仍然沒有學習的動力，老師們會給予足夠的時間與空間讓孩子們可以思考、調整和重新選擇。

「等待的耐心」是賦權學習的配件，教育者得找到好的機會慢慢磨。有時候，當重複性事件一再發生時，除關注孩子外，團隊成員也得檢視一下自我的教養模式，是否在對的時間？是否用對了方法？是否有尊重到孩子的獨特性？藍迪專業者團隊在每一事件或議題產出的同時，兼顧尊重孩子不同的獨特性及自主性，透過不同專業導入適性的評量方式進行檢視外，更會加入與孩子討論來達成共識決策。

承認錯誤，也是一種教養

我猜父母也有情緒管理失常、遷怒孩子，理智線斷裂而產生暴怒。然而在責備孩子惹怒自己外，是否有想過該向孩子道歉？

性情溫和的羅社工，過往與孩子的晤談中，秉持循循善誘、友善對話及與之做好約定，然而歷程中，有的孩子不斷打破約定，並呈現無所謂的態度，甚而將所有過錯歸咎於他人，一點一點持續地累積，終於在一次會談中出現了嚴重的言語衝突。在反思過後，羅老師翻轉過往急迫期望、想快速解決問題的心態，調整為一次只針對一個問題解析，協助設定一步步的小目標，每週帶領孩子一起逐步檢視自我目標達成狀況；初期以給予適當鼓勵為主軸，進入到中期後則帶領孩子檢視狀態，並針對那些沒有達成的目標及其原因，與孩子一起討論如何進行適度調整。

就這樣撐著，直到半年後才看見孩子逐步地邁向正軌。

教養專家麥可瑞迪 (Amy McCready) 在《正向教養》部落格文中說到：在這些時候，或許「跟孩子說抱歉」，會比要求孩子認錯更有用。當事件發生後照顧者沉浸在自我困境中而忽略了孩子的感受，如何在這樣的情境中跟孩子說一聲SORRY，除了修復親子之間的裂痕，贏回孩子的信任外相信也更是同理心教養，麥可瑞迪提醒，父母難免犯錯，然而以身作則承認錯誤，對孩子是重要的示範。心理學家布裘（Ann Gold Buscho）在《今日心理學》建議，先將自己融入孩子的情境，感受及體驗孩子當下的情緒及心境，透過換位思考來讓提昇自己願意道歉的動力，以及將自己調整好再行動。

① 跟孩子道歉即便是過程中會有委屈、氣憤，但還是得心平氣和讓孩子感受到誠意。

② 跟孩子說明自己當下的情緒和感受，以及孩子惹怒自己的行為做連結。例如：自己上一天班疲累，又受到工作上的委屈…等。

③ 為什麼要跟孩子道歉？主要原因是不該不問緣由、遷怒、大吼或無視他人的存在，不該不問緣由就罵人。這時，孩子也會分辨那些是不對的行為，以避免重蹈覆轍。

④ 讓孩子知道，父母有感受到自己心中的害怕、氣憤、或是擔心，而覺得被理解。

⑤ 趁機與孩子再次討論，以後雙方發生類似情境時，可以怎麼做來避免問題再產生。

當父母面對青春期的小哥哥小姊姊，若在其所立下的承諾自己都無法兌現，小哥哥小姊姊們的不配合念頭必然就瞬間冒出，甚而產生彼此的衝突。在藍迪家老師們通常會使用的是適性溝通的技巧，先同理孩子的自尊心並促進孩子與團體融合，逐步引導孩子往順向行走，以累積孩子順利成長的美好養分。

從共識營裡引導家庭公約

藍迪這個大家庭一大家子的人生活在一起，為使大家能共融生活，必然有大家共同約定的遵行條件。而你家呢？是有天天對孩子苦口婆心的叼叼碎念呢？還是有家庭生活公約呢？

公約，就是大家共同的約定，看起來也應該是由所有成員一起研擬、討論和制訂的，那麼我們也來思考一下，我們在制定時是否有讓孩子加入討論及提供意見的機會？既然是生活上要一起共同遵守的公約，當然要由家庭成員共同研擬；又每個孩子都具有獨立思考本質與自主的能力，讓臨界少年階段的孩子有機會逐步參與家庭的大小事及決策，絕對是建構孩子的能力、對家庭認同最好的實境體驗。

兒家團隊在李沛潔主任帶領下幾經思考後，為使孩子可以學習社會參與，特委任諮商所心理師晏汝主任針對7歲以上孩子，辦理初階的「一日共識營」並採用世界咖啡館的課程模式帶領，期間孩子們一起討論共擬出二十條的藍迪小家生活公約，例如：我會好好珍惜食物、我會愛物惜物、物歸原位、我會自動自發、我會準時上下課，準時睡覺、我會主動幫忙需要協助的人、我會說好話不說髒話……等。

有了公約做為基礎，接下來就是誘發孩子的觀察力，藍迪家推出「好棒棒」方案，鼓勵孩子們進行觀察，了解自己以外的其他人的「好」和「優」，及與每一個人為了藍迪家和藍迪社區所作的努力，以及如何讓這個家的環境更加舒適和美好。

曾經有離院的孩子告訴我，藍迪讓他改掉了說髒話的習慣，在以前他不認為說髒話算什麼，原來在職場上卻是讓別人覺得非常沒家教的行為。現在的他，已經帶著「好家教」組成了屬於自己的家庭，對他來說，這就是一生最受用的禮物。

3-2

怕交到「壞」朋友
還是自己「壞壞」

業安是藍迪剛安置的孩子，小六的他，長相俊俏，有著酷酷的氣質，和一般小男生不同，他留著一頭有點長度頭髮，瀏海都快蓋過眼睛，再加上他會玩蛇板。讓幾個院裡的小女生，經過時都忍不住想要多看他一眼。那段時間，只要我們問院裡的其他小男生要不要剪頭髮，他們也都說不要，要學業安把瀏海留長一點。

「同感與同理」是同儕的吸引力

「我的孩子很乖，都是朋友帶壞他的。」但真實的情況是怎樣呢？

大概從小學五、六年級開始，孩子邁入青少年階段時，除了要面對身體發育的變化以外，也會面臨很多心理上的變化，原本乖巧可愛整天黏著爸爸媽媽的孩子，忽然間完全不想跟父母說話，多問幾句就翻白眼，整天關在自己房間裡，什麼事情都比不上跟朋友出去玩。父母無奈的發現，養了十幾年的孩子寧可聽才認識一陣子甚至幾天的朋友的話，也不相信爸媽說的；青少年孩子在意的永遠是同儕想法，家長說的長篇大論，往往遠不及於同儕隨口的一句話。

也因此，很多家長深怕自己的「乖」小孩，跟外面的「壞」朋友抱怨父母管教過嚴或是與家人之間的摩擦，在「壞」朋友的慫恿下就出現了不當的行為，甚至離家出走。

為什麼跟同儕相處的吸引力會這麼大？原因就在於他們能在同年齡的孩子身上找到共同點，進而產生歸屬感，如果以興趣來解釋，有相同興趣的人就比較有話講。

藍迪的孩子多數是非自願離開原生家庭到這裡來，比較容易讓孩子彼此之間互相連接的共同點，孩子們可以互相「同理」並成為彼此互相支撐的力量。這也是藍迪家少年與同儕之間相處很重要的一點。因此，老師們會試著去理解孩子的感受，盡速協助其適應日常生活，讓孩子可以與生長在一般家庭中孩子一樣，在有愛的環境中穩定成長，避免誤入歧途。

有時負向行為是想吸引關心

但當孩子出現負面表現時，不代表他真的認同這個行為，也有可能是他想透過學習這個行為，引起身邊大人對他的關注。

在藍迪的每一個小家有六位孩子，這六位孩子裡總有一、兩個孩子每次都能確實完成自己的功課和家務，永遠表現良好，省心的同時也留給老師更多時間去處理、幫忙特別容易出狀況的孩子。身為家長或學校老師的您是不是也是這樣呢？抑或是容易忽略比較乖的孩子呢？

對於進入少年的孩子來說，與同儕的相處是關係的建立、最需要學習的部分，也是他們最在意的事。憂鬱善感的少年總會認為：「我這麼用心體貼別人，可是誰來了解我的思維呢？」

同儕學習是一種有效的方式，但也要看情況適不適合，不然無止盡的比較與模仿，是辛苦也是傷害。用適合自己的方式記憶、學習、探索新知，彼此交換心得、看見彼此的優點，才是同儕正向的歡樂學習，不是將他人的夢想強迫複製在自己的未來上，這不是做自己。

我生活的地方也是我的安全堡壘基地

有些孩子在情緒表達和學習能力上比較吃力，但我們往往發現，大部分孩子到學校去，反而可以展現他們穩定的一面。

讓老師印象很深刻的一個孩子，在小家很容易為了一些小事就坐在地板上哭鬧不休。老師去學校參加家長座談會，就非常關切這個問題，急著想了解這個孩子在班上跟同儕相處時的狀況。結果老師的答案是，他從來沒有看過這個孩子在學校有情緒大爆發的時候，他在學校表現都很乖、很好，是很貼心的小女生，常常幫同學和老師的忙，生氣時也不會有太大或是太明顯的的反應。「這就表示，得到老師的肯定對他是重要的，所以在學校會維持一個穩定的外在形象。」老師驚覺，原來回到小家是他真正能放鬆的地方，可以毫無顧忌地在小家老師面前大發脾氣，因為孩子清楚知道藍迪的老師可以包容，因此他在沒有任何顧忌下能夠展現自己最真實的樣子。

平時聊一聊 你會嗎？

很多時候我們看社會新聞，都會在孩子出事後，父母接受訪問時強調「他在家都很乖的」。為什麼一夜之間，這個父母眼中的乖寶寶會成為旁人眼中的壞孩子呢？或者

「我的孩子一年不和我講話了。」做父母的心受了很大的傷。

在孩子進入青春期之後加強控制的力道，並不能解決問題。事實上，家長可以從日常中跟孩子聊聊他的生活狀況，而這個「聊聊天」，不見得是老師跟家長講說孩子有狀況了，家長才跟孩子溝通，這樣只會對孩子造成一個印象是：爸媽要找我講話，一定是今天老師告我的狀。

就算真的碰到狀況，在找完老師了解事發經過後，父母可以回頭跟孩子說：「老師提到你有一些狀況，但我想要跟你確認到底發生什麼事。」讓孩子知道說爸爸媽媽不是光聽信老師的抱怨和投訴。如果孩子願意講，那就跟他討論一下；如果他不願意講，可以告訴他：「我可以等你幾分鐘或者是一、兩天之後，我們再聊一聊也可以。」

總之，父母該做的是在日常生活多些關心和觀察，是因為心理因素還是因為其他因素導致。如果孩子長期不和父母講話，父母應該先意識到，怎麼讓事情拖這麼久？聊天也是互相學習，我們同時能從孩子身上學到很多新鮮事。

太安靜的孩子會被忽略

回到前面所提的，有時候父母會有一種「僥倖」心理，覺得孩子很安靜，不吵不鬧，實在是太好了，然後就變成完全忽略這個孩子，忙於自己的工作，沒有跟孩子溝通互動的時間，各過各的。或是依賴其他資源去幫忙照顧自己的孩子，例如電視、3C用品、學校和安親班老師等，忘了孩子最需要的，是父母的陪伴、父母的幫忙喔。

我們在孩子小的時候當他的父母；步入青春期時，可以試著當他的同儕。同儕就是可以互相陪伴彼此一起做一件事情，如果家長想要當孩子的同儕，首先要做的就是去了解「我的孩子到底喜歡什麼？」、「我可以陪他去做些什麼事情？」或者是家長也可以要求孩子陪著他一起去做一些事，重點是讓彼此互相了解平常都在忙什麼，融入彼此生活，孩子了解父母辛苦扛家計、父母孩子面臨的壓力點，這樣就不會好像都在各過各的，對彼此毫不了解。

當然，父母畢竟是家長，還是要負起管教責任。我們陪孩子做一件他喜歡的事情時，家長的角色就可以拉到同儕；但如果今天是要孩子做功課或是唸書，還是要把原則講清楚，才不會在管教上讓孩子無所適從。

3-3

不公平！為什麼又是我

「小婷，你來幫忙一下！」正在房間一邊聽音樂一邊跟室友聊天的小婷，突然被小家老師指派去拖地板。「不公平！為何又是我」雖然沒有說出口，但小婷嘟著嘴不高興的從房間晃出來，心裡的OS就像跑馬燈般閃出。你是否也有這樣的經驗，請孩子做家事或幫忙時，孩子總會有不開心抗議：「不公平！為什麼只叫我？其他人呢？」

那年，老師提醒小婷即將要加入自立培訓的行列了，這時的小婷心中又燃起：「不公平！為什麼又是我？」，當年的小婷只有12歲，氣嘟嘟的在老師的引導下選擇了「咖啡工坊的職人訓練」，是工坊裡年紀最小的孩子，上課時老師說的咖啡的歷史、水溫、萃取，幾乎都聽不懂，也覺得這一切實在是太難了！

然而這世界真的公平嗎？大約從國小中年級開始，孩子最喜歡跟老師們爭論：「這件事不公平、那件事不公平！」爸爸媽媽該如何跟孩子討論「公平」這件事？公平和品格之間，又有什麼關係？

跳脫憤慨、學習處理 才是不公平教育背後的意義

以小婷來說，當他實務操作上手後，就在咖啡香裡找到了興趣，發現自己原來也有能力克服困難，一旦找回學習中久違的自信與成就感時，「不公平」的情緒早已蕩然無存，甚至覺得自己像是幸運的中獎者，更感謝老師當初挑中他。即將升上國三的小婷，眼看哥哥即將離院獨立生活，而自己過幾年也會離開藍迪家，人生就如同是天秤兩側的秤陀很難達到公平，如何掌握兩端是需要冶煉的。小婷回想：「我在老師的陪伴中，學習到了獨立思考和判斷的能力，公平已不是唯一的目標，更重要的是自己面對這事情的態度。」

不論大人小孩都會因為受到不公平的際遇與待遇而影響情緒，止不住心裡的嘀咕、壓不下來憤慨的情緒，或是一時轉不過去的固執，都是可以理解與允許的。但也請記住，老天爺給了不公平的狀況題的同時也發給我們人脈卡，適時建立起自己的專家達人請益團、維繫傾吐心情垃圾的好友圈、協尋為社會正義而奮鬥的團體資源，這些都是在面對自我情緒所營造的「不公平」時可以採取的策略。

小婷說，自己的人生原就不公平，未來也必然會面對許多不公平的事，但不怕，因為未來有一個可以扶持和陪伴自己的娘家：藍迪兒童之家！

老師的包包裡藏著更多更好的零食？

不管任何年紀、在人生哪一個階段，總會有人覺得自己得到「不公平」的待遇。我們該如何看待不公平的現象呢？有沒有一些好事會發生正是因為最初的不公平呢？

晏汝主任一語道破不公平的本質——當預設認知與當下經歷有所不同時，內心世界的理解產生衝突而無法釋然，就會有「不公平待遇」的感覺。

舉例來說，藍迪兒童之家要出門遠足時，孩子們總會覺得老師的包包裡一定藏著更多好吃的零食，直到老師打開包包給孩子檢查，孩子才發現原來老師的零食比自己的還少！這時讓孩子進入第二層次的認知與經歷落差，那就是需求，不是每個人的需求都相同，若哥哥的食量比較妹妹大，當大家都拿一樣時，是不是又進入另外一個公平的錯誤陷阱與思維裡了呢？

藍迪兒童之家的孩子在遭受到家庭不當對待後，離開了原生父母來到這個大家庭裡，老天爺看似不公平，但在這裡有一群具有不同專業的老師（如，社工師、心理師、生輔老師、保育老師、護理師、營養師等），透過豐富教養的經驗和多元的專業陪伴孩子健康安全成長，在這段經歷中讓孩子可以感受到許多社會大眾（個人、企業、團體）幫忙和付出。

藍迪家的孩子，從小就被教育以理性方式清楚表達自己的情緒與不滿，平時抱怨歸抱怨，但將心中不公平的疑慮傳達給老師，先聽聽老師的說法和剖析，也可以透過自己日常地觀察來進一步了解。藍迪是所有藍迪人的家，在這裡每個人都有自己需要付出的部分，差別只是時間和位置的不同。當孩子理解自己的付出是與他人相仿，就會逐步把不公平放下，且能珍視別人的付出，這是藍迪的家品格教育重要的一環。

社會中潛藏著許多的不公平，可能是身分、世代、文化、法律或社會潛規則等，當事件出現時感受到的都是自己的委屈，若要探究背後真實狀態，則需要勇氣支撐自己來面對可能出現的誤差，進而檢視自我所蒐集到的信息是否正確，並就事實狀態來加以調整修正，以提升自我高度與眼界。

體驗挫敗也很重要

當我們帶著抱怨情緒的視角看待這世界時，無力感的推卸責任就會產生不公平的感受；若換一個積極的心態面對這世界，許多不公平感都可以因為各種面向的討論，而成為讓自己變得更好的動力。生命是一條很長的河流，挫敗的轉彎處是澄清與自覺最好的地方，唯有彌補與修復挫敗才能深耕自我素質。一個人若是無法處理所面臨的挫敗感，就會很快失去人生動力。

因此，「若爭取不來就體驗挫敗吧！」晏汝老師說。鼓勵孩子主動爭取自己想要的權利不是一件壞事，因為爭取過程本身就是一種學習之旅。

3-4

不說謊的品格

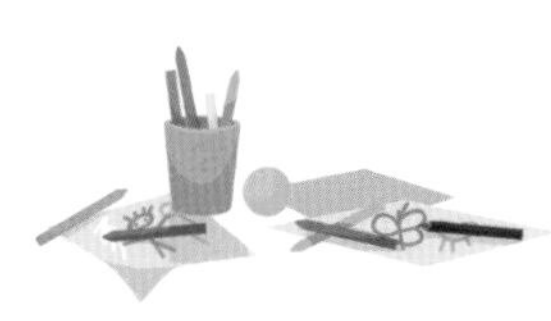

阿洋，一個在不同的安置機構中轉來轉去的孩子，剛來到藍迪的時候，家老師為他安頓好一切、帶他去學註冊入學；沒多久，阿洋一回來就抱怨：「同學經過我旁邊時都故意捉弄我。」「我跟同學借東西，都沒有人要借給我。」之類的話。

家老師知道後有點擔心，但不動聲色先私下詢問校方，這段時間他跟同學相處的狀況，是否真的有被霸凌的事情，因為經驗中確實出現過陪伴的孩子被同班同學以異樣的眼光看待的情形。

「阿洋其實跟同學沒有那麼多交集。」班導的回答很令人驚訝。那這些「捉弄」、「不借」是怎麼回事呢？

班導的回應令家老師開始回溯這個孩子過去的生活紀錄，觀察到他每到一個新環境，就會說身邊的人霸凌他。看起來，阿洋似乎認為，這是最快能引起大人關注的方式。

可以用沉默代替回答 但不能說謊

知道這個孩子說謊的動機之後，對於他說謊的行為，反而就不那麼生氣了，是多了點憐憫和心疼。

說謊是一個不被社會大眾認同的行為，當事件發生時多數爸爸媽媽也會盡快施以各種策略來矯正或排除。藍迪重視少年時期的品德教育，這時期是人生觀與價值觀塑形的關鍵時刻，同時真實呈現是藍迪教育的基本原則之一。我們同意孩子行使「緘默權」，或是等到情緒穩定後再說，我們也相信說謊背後必有其因可究，如何引導和發現則往往是老師們責任和挑戰。

剖析孩子說謊的心理，不一定是惡的念頭，他們有時是怕在意的人失望、有時是怕面對不完美的自己、有時只是希望得到多一些的關注、有時是內心有缺口，無法滿足等等。身為家長和老師，一定要找出源頭與原因，才有可能修復這個外顯行為。

說謊行為出現後，父母可以先觀察時間、地點與頻率，判斷背後的原因。例如某孩子想跟同學一樣可以自己購買玩具，自行拿走家老師的錢，這樣的行為在藍迪老師們首先思考的可能是孩子的需求是否得到滿足，也可能孩子不知道如何用溝通的方式得到金錢，只需提供他一個正確的管道，去獲得金錢或者是零食，就可以杜絕這樣的行為。

當然，老師也會告誡孩子這個行為會造成的負面後果和降低別人對他的觀感，有可能犯一次錯，別人就會在他身上貼上負面標籤，對他失去信任。父母若能理解事件發生的背後原因，對於培養孩子正向的品格是很大的助力。

手機出現的時機？

手機對於孩子而言很重要，是流行、時尚和人際關係建構的必需品，多數父母在孩子進入國中階段就會給予，藍迪則在孩子身心較為穩定的高中時期開始讓他使用。國二的小新，回家後快速吃完晚餐就表示要回房間寫功課，假日也常常找藉口待在房間，家老師心中有譜，一探究竟，果然孩子私下跟同學借了手機帶回家來玩。

家老師想，與其第一時間指責孩子，不如藉著這個事件跟孩子來一段深度對話，例如：現階段擁有手機的適合嗎？手機是很昂貴的商品如何取得？擁有手機後的使用方式？接著，可以從這裡帶孩子開始思考。以及要怎麼開始制定存錢計畫，可以在兩、三年後買自己的手機？並提醒孩子現階段可以運用的模式，如何申請使用電腦室專屬的使用時間。

帶領孩子跳出情緒漩渦

小杰是情緒控管不佳的孩子，若不順從他的意願，就會以攻擊他人或是自殘來達到情緒勒索的目標。看在仕喬老師眼裡，這只是因為他不知道如何表達自己的意願與情緒，一生氣只會摔東西、罵髒話或找麻煩來逃避問題。每次他失控時，仕喬老師就會提醒他：「你現在陷在情緒裡，要不要先把情緒整理好再來處理該面對的問題？」之後再將問題一一用文字列出，給予小杰時間思考後填上答案。

有時，他會對小杰說：「你可以暫時離開，但我會在你附近，有需要有困難時可以隨時提出。」讓孩子能選擇下一步怎麼做的權利，這是培養能力時很重要的關鍵點，也是許多爸爸媽媽容易疏忽的，孩子若沒有任何主導的權利，可能就無法理解當下的學習跟他有什麼關係；因為所有選擇都是他人安排好的，只能遵照辦理，這並不是學習，是沒有價值的復刻。

找出問題癥結　結束情緒勒索的行為

教育是雙向並行，不是強迫就能成功填鴨。仕喬老師拿出耐心陪伴孩子度過這些情緒勒索時期，靜靜等他自己處理發洩後，再理性引導孩子回到該面對的學習事務上，光靠說教是沒辦法的。當小杰遇上困難時，老師幫助他解決問題，才能讓他對老師產生信任感，在教學時有互信基礎。

貼身陪伴的人和學校老師最忌諱在孩子身上貼標籤，因為癥結點是行為不是個人，就算孩子連續犯錯，大部分只是因為還沒學會，或是尚未了解學習目標，不知道為何而學習，不是因為「故意」、「根本不願意」。

如果連照顧者都對孩子貼上負面標籤，孩子只會感到沮喪，心想「反正我就爛，何必要改呢？」反而會離進步越來越遙遠。

3-5

堅持前進 慢飛天使也能自立

個性善良的小曼，零食是他的最愛，有著超級開朗笑容，但再怎麼樂觀的他，眼看再過三個月就要離開熟悉的藍迪之家，接下來所有的生活費包含房租、押金等等，該如何是好呢？

社工老師安排他到速食餐廳打工，希望藉著這個經驗累積一些職場學習機會，當作離家前的暖身操，但是，過往曾經有過做到一半就跑走、或是躲在麥當勞廁所不出來的紀錄，多虧善良的店家配合一起陪他、教育他。

但離家在即，這次老師們狠下心，不再動用關係關照他，必須讓他自己經歷一切。第一關是站在點餐收銀區，說得又快又急的客人把他嚇傻了，加上收銀機操作步驟一不對就卡住不動，算術不好的小曼宛如進入冰原時期，他覺得自己就是那隻凍住的長毛象。

於是，店長將小曼改調到備餐區，但是同事們一連串的指令聽在小曼耳中只剩下語速和音調，只能呆呆模仿他人動作，這樣的速度當然引起後方作業大亂。內疚的小曼想留下來幫同事打掃環境和收班，但做事總有點小馬虎的他，在清潔上還是被主管看到問題點了。

下班後，坐在便利商店品吃零食的小曼，遠遠看著公車進站又看著公車開走，末班公車的車尾燈漸漸地消失在夜幕中，滿腹委屈和滿滿的問號讓他的腦袋當機。著急的家老師開車到處找他，終於找到呆坐在商店裡的小曼。

這一切都讓小曼深刻體驗到賺錢真的很累，那些打工錢呢？「買東西吃花光了……」。

教導慢飛天使也不能「餵」答案

藍迪老師第一次接到小曼的案子時，是在菜市場裡遊蕩時被熱心民眾通報，當時小曼不到五歲，從此，小曼就「媽咪媽咪」的叫著我。

孩子得知自己「智能不足」的診斷時，多少都會有點失落，有些孩子為了讓自己不要進入資源班，會努力請老師教導實在難以消化的學科，那堅定想要證明給世界看的眼神，讓家教老師再苦也不怕累、只會更用心的一遍遍解說，想讓孩子進入普通班。

當然，也有些孩子會在這樣的框架下自我設限，失去學習動力，陷入情緒的漩渦中久久無法自拔，就連其他老師想出手搭救，都可能被他低壓的情緒一起捲入其中。

只是，也有孩子拿著貼上「慢飛」的標籤，成為討愛或是免責金牌，用歇斯底里的方式吸引老師注意，不管幾歲都會在當下退化成最無理取鬧的小孩。這時候，老師必須拿出無比的耐心，等待孩子在歇斯底里式的討愛或哭鬧結束後，再用多種角度提問，讓孩子重新思考，找出真正的自己。

打工挫折的意義

家老師、社工老師與小曼坐下來談談他在打工時面對的這些挫折，發現還有許多功課是小曼在獨立前需要加強練習的，他要學會用自己的方式記住指令、遇到問題要勇敢開口詢問等等。他還有三個月的時間，可以加強人際互動練習，至少這點不論生活或是職場都能受用。

其實小曼在打工的過程中，碰到可以體諒他情況的店長，也有很多極富耐心的同事一步一步地教他，下班後還會陪他一起等車，要確定他能夠安全回到家才放心。這個社會給予他很多善心與關懷，小曼也在這個過程中發現，在職場裡做個有禮貌、讓人覺得溫暖的人是很重要的一件事。

雖然他飛得比較慢，但藍迪給他的愛和關懷，還是將他灌溉成一個貼心、善良、懂得將心比心的好孩子。小曼離院後的某一天，藍迪的主住在自己的臉書上貼和家人出去玩的照片，小曼跑來留言：「主任，你有空要也帶院長媽咪出去走一走喔！」讓主任跟我講起這事情，既暖心又好笑！

曾經需要老師們加倍關懷的慢飛天使，已經懂得將成長途中所遇到的善意，回饋給他所愛的人們。

從不會到會就是自立

理解力不足的孩子往往比較固執，彷彿老天爺給他的考驗還不夠多似的；當然，這也表示教育這樣的孩子，老師必須付出更多心力。為了讓孩子學習到新事物，老師勢必得長期陪伴在孩子身邊，看著孩子的學習歷程繞了一圈又一圈，急死人但也只能默默忍受。成長時期的每一個步驟都很重要，省略或跳過任何步驟，都只會讓未來更加辛苦。

我們用引導的方式，讓孩子自己去探索這世界，家長也可以試著以孩子有興趣的事物，找出他想努力的方向。千萬不能用填鴨式方法，逼著孩子吞下我們想強行灌輸的資訊，當我們回頭看看自身過往的經驗，就可以知道這樣的作法沒有什麼意義。碰到有興趣的事物，孩子自然就會學習查找資料、請教他人、慢慢研究。雖然這樣真的很費時費力，但從「不會」到「會」，哪一件事情不費時費力呢？

從不同面向與視野，跟孩子探討他們自認已經學會的事情，刺激孩子主動思考並查詢相關資料，觸類旁通，才能在有來有往的討論下，讓孩子建立起自己的想法及立場，學會溝通並尊重他人觀點。

會，不是人云亦云，也不是強迫他人接受，裝會就很難舉一反三，更無法得到協助。

3-6

迎接面對，讓自己成為生命的勝利者

初入社會的你我，是否記得當年的是先去適應環境，還是讓環境來適應自己呢？一個才19歲的孩子離家進入社會，開始過上獨立生活，這得要搭上多大的本事呢？接踵而來就會是扎扎實實的焦慮，跟每一個步入社會開始獨立生活的人同樣，有著學費、生活費、房租等要籌辦，這時只能收起微小的嗜好、暫存自己遠大的夢想，透過不斷地調整修正迎接市場所需。

美容美髮科的小芳喜歡幫別人打扮得漂漂亮亮的，總說看到別人因為自己的用心而擁有了好心情，那麼自己也會很開心，然而理解能力弱於同年齡同儕的同時，小芳每天面對服務業要與陌生人交談，這是小芳蘊藏在心底不為人知的壓力，回想當年老師陪著自己練習的歷程，也總隱隱牽絆著自己的思緒。

挑選合適的打工機會　也是獨立前的重要練習

小芳念到高三時，學校要求學生選擇實習場所，因此全班都去家樂福打工。本來就不喜歡與陌生人接觸的小芳，只肯跟帶領他實習的主管說話，其他人一概不理。第一次實習的戰役失敗，對小芳來說是受傷的，但他並未氣餒，這一次老師引領孩子選擇學校附近的便利商店，工作時只要聽命於店長一人的指令相對單純，對於小芳而言是一個可以勝任的任務。小芳告訴我：「遭遇困難時怨天尤人是沒有用，自己得先扛起失敗的責任，才能面對下一個題目，或許問題會一再重複發生，自己會透過不斷練習和修正來面對和處理的。」

只有單一主管、沒有太多同事會下指令或交辦事務的環境讓小芳安心不少；當然，他也相當努力地完成每一次店長指派的任務，回家後也會主動詢問玉眉老師怎麼樣可以做得更好，來回報店長的教導與照顧。小芳步步學習記住物品擺放的置、記住不熟悉的菸品名稱，除了贏得店長的讚許，還多了「成就感」這份附加價值。

當然，職場環境再友善也會遇上挫折，小芳就曾被客人突如其來的大吼嚇哭。他也因此學到，每天在世界各個角落都會發生的小小事件，對客人可能都是頭條大事，也是這一輩子難忘的經驗。

實習課程結束後，非常賞識小芳的店長依然請他留下來繼續幫忙，直到他進入大學就讀為止；由於大學遠在南部，無法兼顧便利商店的工作，離職前夕，溫暖的店長還包了個三萬元的大紅包祝福他。

優質替代服務　孩子得以幸福成長

現在的小芳已經進入大學二年級了，這兩年他努力讓自己成為生命的主人，雖然學校課業表現不差，然而生活瑣碎事依然不少，甚或偶爾會因為這些瑣事而煩心，但在自己不斷的嘗試和練習下，現在面對陌生人的課題算是勉強及格了，帶著這份小小勇氣不畏不懼地繼續飛向自己的夢海。小芳相信即便是獨立生活了，藍迪依然是他永久的娘家，老師依然會在背後支撐著自己，一通電話、一個LINE的簡訊，就可以立即連線。

小芳十分感謝過去藍迪家給予的養分成就了今日的自己，期待自己學習到好手藝並能順利畢業的那天，回到藍迪把老師打扮的漂漂亮亮，謝謝老師陪他走過人生最辛苦的一段路，這也是目前自己唯一可以做到的回饋。藍迪的孩子在成長重要階段爸媽無法相伴，卻能在一群人的陪伴中，讓自己在啟程步入社會前得以有前哨學習機會，面對現實才能引領著自己

3-7

怎麼會養出
喜歡踩底線的小霸王？

餐前，家老師和小小孩說好，如果吃飯超過用餐時間太久，就不給餐後水果了。但孩子怎麼可能會乾脆的遵守這樣的約定，沒有得到滿足絕對會用嚎啕大哭來代之。家老師次次拗不過、無法堅持而破功，試圖滿足孩子來阻止一場場驚天動地的大戲。但，這合理的嗎？

回想一下，最近你或另一半有多少次因為捨不得罵可愛的小寶貝，就縱容他違規呢？是不是總認為他還是孩子聽不懂？有沒有因為想要讓他停止哭鬧，就打破自己的原則，說好不給手機但又默默將手機拿給孩子玩一下，以求片刻安寧呢？

我們對於孩子的縱容總有很多的原因和理由，但一次又一次的鬆動，確實不利於教養，同時也是放棄與孩子建立正向溝通及相互培養信任關係的機會。

「照顧的規則須建立，也絕不輕易妥協」，

孩子之所以頑皮，不是天性；非常有可能是我們鬆動或縱容的結果。爸爸媽媽自己得要遵守跟孩子約定好的規範，謹守原則，對於孩子來說，適應這些規則也是要花很多時間和心力，大人也不可以隨心所欲調整。

可以透過家庭會議來制定規則，擬定規則時家庭成員最好都能出席並參與討論，並設有清楚的獎懲辦法（建議或以獎勵代替懲罰），也相信孩子會不斷找機會挑戰這些規定及違反約定，來挑戰爸爸媽媽的底線，這時若有例外，就是孩子日後鑽漏洞的機會點。

管教者的品格呢？信任為開場

建議先聽聽孩子怎麼說，或許是大人的誤判或誤會，特別是在排解孩子之間的紛爭，或是接收到其中一人的告狀申訴時，先不要馬上做出結論，以免做出不適切的決定。一旦讓孩子感受到委屈、被黑化的情緒後，很容易形成孩子未來對大人的不信任。

用漸進式引導來取代懲處，例如孩子在公共場合哭鬧不休時，家長可以先帶孩子離開現場。家長明確告知犯錯的孩子：「你現在必須暫停遊戲時間。」慢慢將他帶離遊戲空間，一開始孩子會哭鬧是正常的，可能一時無法理解、無法接受，或其他小朋友在看，一時拉不下臉、不想承認等。爸爸媽媽在此階段應避免心軟或是違背之前的約定，同時要給予孩子足夠的時間及獨立空間讓孩子可以有時間暫停下來讓情緒降溫。

當孩子冷靜下來之後也比較能夠思考，這時候可以再次邀請孩子進行對話，聆聽孩子的感受和想法，也跟孩子說說自己的想法和感受，分析事件的重點及與孩子和解，讓孩子能分辨其中差異，並讓孩子重新感受到愛，最後重申規範並再次進行約定。

對於子女的教養模式首重一致，在藍迪照顧者眾多，老師們會透過共同的討論孩子學習和教養的方針和模式，以確保能達成一致性的服務效果，盡量避免因為不同老師而出現不同的做法，讓孩子無所適從。

當教育觀點不同時——多元才精彩

在藍迪工作的老師這麼多，大家都學有專精、身懷絕技，難免會對教育方式有意見不同的時候，那又該怎麼協調呢？

儷璇老師在來藍迪之前是在幼兒園服務，剛到藍迪時，他對這裡的孩子不收玩具的情況很訝異，因為過去待的幼兒園比較有秩序感，可能是這裡的環境比較開放，孩子玩玩具總滿場飛，搶來搶去、到處亂跑亂丟東西、跳上沙發通通發生，或是倒出來後就灑滿一地、直接不收拾。

「老師們當然有意見不同，我們是以討論、並且一步一步嘗試改變，發現衝突減少了，再進行買玩具籃，教孩子收拾玩具，才慢慢達成目前的情況。」儷璇老師的神隊友就是其他的家老師。

「我覺得孩子玩得開心就行了。」當時也有小家老師觀點不同。只是儷璇老師看見孩子玩耍時若沒有規範，就很有可能會因此起衝突，例如，他不知道這個玩具是誰的而造成搶奪，進而可能發生危險。為此，他上網研究，並且和其他老師們開始溝通討論。

將玩具分類成只能在地墊上玩和只能在桌子上玩兩大類之後，孩子與孩子間漸漸的衝突減少了，受傷的頻率也降低了。然後，再開始要求孩子收拾玩具。就是這樣慢慢調整、加入，才達到現在小孩子知道要在地墊上坐著玩玩具，不可以跑來跑去。這是所有老師一步一步討論出來，大家都能接受的共識。

也有的時候，當A老師禁止小孩跳沙發時，小孩會回應：「可是B老師說這樣可以。」這時候就是要跟孩子解釋在沙發上玩的風險，有可能會不小心摔下來，以及為什麼會希望孩子在地墊上玩，分析兩種狀況。

事後，儷璇老師也會跟其他老師解釋孩子的反應，重申自己的理由再彼此協調，取得折衷辦法。也會請那個老師跟孩子溝通好，讓他兩邊都有接收到同樣訊息。

一般家庭中的「媽媽說可以，爸爸說不可以」，也是類似的情況，常常生氣另一半豬隊友破壞管教，當雙方觀念不一樣，調解的方法就是大人慢慢來，把對錯先聚焦，每個人對「改變」的接受度都不太一樣，跟旁人意見不同的時候都會有盲點，心裡不是那麼舒服，畢竟沒有人喜歡被批評的感覺。慢慢來，逐步把家中的豬隊友變神隊友。

停止不當行為是第一個要件

原則雖然不輕易打破，但也不是牢不可破，面對哭著要吃水果的小小孩，選擇先拿水果給他的老師理由是：「孩子情緒上來時，是聽不進去外界聲音的。」愛沒有對錯，教育沒有絕對，其實老師的立場只要都一致：先停止孩子的偏差行為，才有教育的可能性。

接下來是「規則」，雖然有時會因應不同階段目標而調整，重點是不讓孩子感到偏心，孩子會察覺到大人偏好，也知道每位老師不同的眉角，訂立明確規則、賞罰分明，不因為家中成員而有所不同，至關重要！

當然，一般家庭中，長輩及夫妻之間對於教育有不同看法時，不太可能像老師一樣開會理性討論，但「彼此尊重」仍然是溝通的大前提，也是品格身教的一環，不要意氣用事或情緒勒索，晚輩多多顧及長輩面子，畢竟大家都是為了孩子好，不是在辯論或爭奪「師鐸獎」最高榮譽。

名人教養經

黃若薇

1111人力銀行發言人、BeeME知識平台創辦人

看到藍迪教養書的其中一個章節「不公平！為什麼又是我」，也讓我回想到，小時候父母對我的課業和各方面的表現要求，比起哥哥嚴格非常多，當時我也曾經萌生過「不公平」的小小情緒，雖然當時媽媽解釋，是因為哥哥是她的第一個孩子，所以她在教育我的時候修正了很多教育的方式，但記得當時年紀小，哪會想那麼多，直到長大才知道，這樣的「不公平」反而讓我有更多學習的機會。

當孩子總是覺得全世界都不公平時，往往會給孩子帶來消極情緒，影響他們的成長和發展。所以爸媽師長應該幫助孩子理解世界上的不公平是普遍存在的，並教導他們如何在這種情況下應對和成長，並理解孩子的情感

也可以藉此機會讓孩子知道，無論是在家庭、學校還是社會都會出現不公平。這種現象可能是因為各種不同的原因，如背景、財富、種族、性別等等。「但是孩子，這種不公平不應該阻礙你們的發展，反而可能成為一個學習和成長的機會，一個讓你和別人與眾不同的機會。」

正所謂「身教重於言教」，父母也應該透過日常行為，樹立孩子的榜樣，展現正面的態度。當孩子看到父母能夠積極面對困難和挑戰，並解決問題時，他們也會學習這樣態度和行為，也要多多鼓勵孩子學習欣賞身邊其他人的成功和成就，而非讓嫉妒造成無意義的負面情緒。

當孩子感到不公平時，他們往往會感到自卑和無助。父母可以讓孩子參與一些能夠發掘潛能和優點的活動，不要因為只注重課業成績，扼殺了孩子可能擁有的各方面潛能。

名人教養經

張錦麗

現任新北市政府社會局局長

多年以前認識藍迪育幼院的雪櫻院長，與她家的姊妹們，就被她旺盛的生命力與學習力所吸引！對於正向的目標她從不打折扣，並且虛心學習，一步一腳印，直到達標為止，當時我就相信，她一定能把育幼院的品質帶向高峰，並翻轉孩子的未來！

如今她把過去的教養精華與親職的衝突與矛盾，整理書寫，成為提醒家長老師一個很好的藍圖，並且不同其他書籍的是，這裡面不僅包涵了一個個栩栩如生的個案，更說明了許多愛與寬容的背後理解，詳讀此書，一定會為我們的親職關係，帶來更多的反思與前進的動力，此本質才是我們最嚮往的部分！

針對第三章第二小節：怕交到壞朋友還是自己壞壞，我的閱讀心得是，孩子在不同的成長階段，都需要陪伴，特別是情緒好與壞的時候，他都需要有人分享，情緒是連結人與人間最重要的橋樑！一旦久不連結，心中的距離就會不斷疏遠，「我的孩子很乖，都是朋友帶壞的」，說穿了，只是做父母久不與孩子情緒連結下的推託之詞！

孩子開心的時候，我們要與孩子同樂，了解孩子為何這樣開心，知道他們的成就或是對自我的價值感；他們失望與挫折的時候，要能安慰並鼓舞他們，重新展開行動，克服挫敗感，不是只給物質的東西與禮物，而是陪他去做，讓他重新找回對自己的信心！當然過程中也有許多的價值引導，一旦孩子學會判斷，又怎會被別人帶壞呢？

做父母老師本就是不容易的，孩子情緒的變化常代表很多的意涵，難過的、開心的、每天都有很多挑戰！但就如此本書中所寫，如何讓他們自然的揭露，並且相信我們會無條件的接納他們，而非擔心連我們都不要他們，這種自信與安心，就是確保他們健康長大的最重要元素！感性被接納，接下來還有理性的引導，我們無法時刻陪在孩子身邊，只有當情緒健康，自我價值確立，他們才能處理未來人生的風雨！

謝謝藍迪的好朋友用生命，用智慧，用學習寫下這本實用的書，它將會在親職教育上開展更寬廣的視野與大道！由衷地謝謝每一位為孩子，為此書貢獻的朋友！

名人教養經

李偉文

荒野保護協會創辦人，現任荒野保護協會榮譽理事長，身兼牙醫師、作家、廣播主持人等多重身分

青少年是從受大人百分之百照護下的兒童，跨到獨立自主的成年人的過渡時期，渴望遠離大人視線，卻又有點害怕；在身體快速成長中，有許多狀況是他們自己不瞭解也無法掌控的。比如說，負責理性思考的大腦前額葉尚未完全發育完成，往往由負責情緒活動的杏仁核來掌握行為表現，因此，在理智上青少年知道打人不好，飆車、吸毒也都不好，但是杏仁核驅使他們去做，並獲得情緒上立即的滿足。

這個階段的青少年也正是追求生命意義，同儕認定的階段，急著釐清「我是誰？」「我的價值是什麼？」在尋找自我時，特別討厭大人老是用小時候的他來為自己定位。好辯頂嘴、挑剔唱反調、討厭偽善、挑戰權威是這個「叛逆期」的象徵。

當孩子情緒很不穩定時，若是家長沒有發覺異狀，仍然採取高壓的管教方式，親子的衝突只會愈來愈嚴重。這時候大人應該要調整自己的心情，不再當個無微不至的管理者，與其想爭回孩子的掌控權，不如轉換角色成為顧問，因為他們不想要被大人限制，但是他們還是需要些意見指導。所謂顧問就是當「客戶」（孩子）準備好，並且確定他們想聽，才發表意見。

這個階段的孩子，在成年人眼中，的確是非常「難搞」的，因為他們要求擁有自由，卻無法承擔責任與後果，主觀的意識很強，卻沒有完整地思考判斷能力。他們強烈宣示對自己身體與活動的所有權，並且想從事成年人可以做的事，可是這些活動卻是他們很少或完全沒有經驗的，因此往往會落入眼高手低的處境。

建議家長要動怒責罵以前，要體貼地想到，他們其實是處在畏懼和不確定的混亂中，卻以外表的虛張聲勢來掩飾。

對於一個逐漸想獨立，想脫離家長的束縛，也就是愈來愈叛逆的青少年而言，大人正經八百地訓話，不僅無效，通常還會有反效果，這時候如果能夠善加利用居家生活中最自然的休閒方式，也就是與孩子一起坐下來看電影，然後在觀影後的感動氛圍中，再分享自己的情緒或與影片可以呼應的真實故事，也許不必講太多，往往三言兩語，就可以達到超乎預期的效果。

而且，更棒的是，與孩子一起專心共享電影的次數多了，也就是彼此的親密感與信任度增加之後，孩子往往在看完電影也會說一些他平常不會講的心事。因為電影演的雖然是別人的故事，但是能夠引起孩子共鳴的部份，就是他們現在正在關心或憂慮的事情，身為家長也可以從孩子透露的蛛絲馬跡中，獲得一些訊息，以便適時的提供協助。

我們也必須常常提醒自己，孩子的感受力很強，但是表達能力很差（我所說的表達是指大人習慣的語言敘述）。感受力強是來自於物種演化過程賦予的天生能力，因為物種要在危機四伏的世界存活是很不容易的，必須時時刻刻注意周遭是否有敵人出現，必須到處尋找獵物填飽肚子，所以經過演化淘汰後，物種天生對周遭環境變化有敏銳的感受。

相對於感受能力，人的表達能力是後天的，必須一個字，一句話地學，不學就不會，所以常常詞不達意，或者就懶得說，這或許也是大人和青少年溝通常會觸礁的原因。

挑選好的電影或小說陪孩子一起欣賞，也是培養孩子同理心的好方法，他們能藉由閱讀，將情感投射到書中或劇中的角色，感同身受，這也會是將來面對真實世界，遇到不同際遇的朋友，能夠擁有同理心的來源。

TIPS 處理技巧

◊ 自己的事情要自己負責。

◊ 讓孩子有選擇的權利，這是培養能力很重要的關鍵點。

◊ 與人互動最重要的就是尊重。

◊ 同儕學習是一種有效的方式，不是無止盡的比較與模仿。

◊ 當預設認知與當下經歷有所不同時，人就會有「不公平」的感覺。

◊ 與其浪費時間計較公不公平，唯一能選擇的是自己面對這事情的態度。

◊ 要找出說謊的源頭與原因，才有可能修復這個外顯行為。

◊ 立下的規則就不能妥協，因為孩子也要花很多時間和心力來適應這些規則。

◊ 處罰孩子是針對他做錯的「事情」，不是針對他「個人」，要讓孩子分辨其中差異，並再次感受到愛。

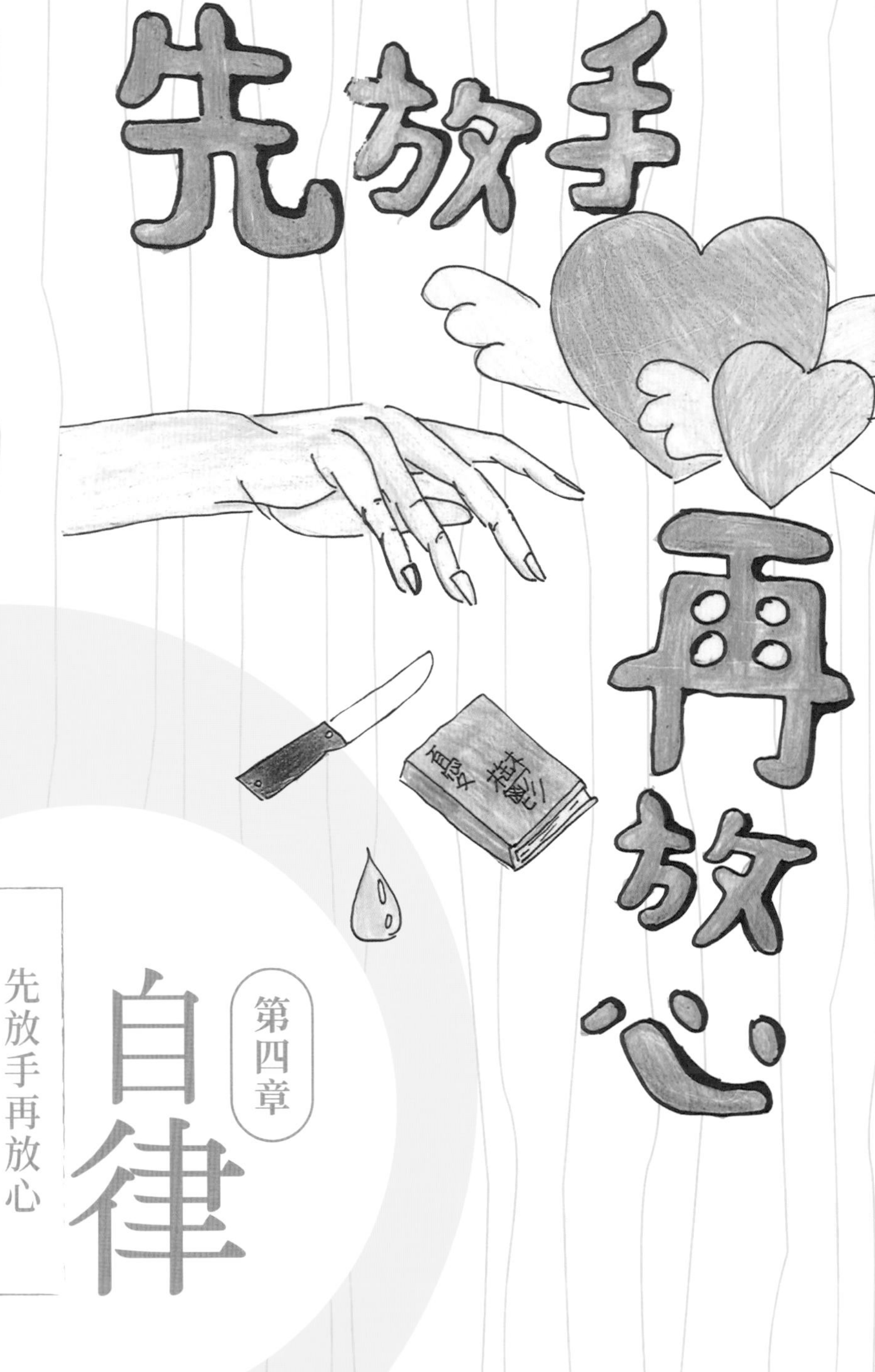

第四章 自律

先放手再放心

院長的話

創院之初，有一天我帶著幾個年幼的孩子到便利超商購物，一轉身十幾個孩子在冷藏櫃前坐成一排等著老師發給禮物，這個狀態讓我十分震驚，當時我照顧百餘個孩子，照顧人力只有六個人左右，也僅能滿足孩子的基本的吃飽穿暖的需求。也提醒了我應及早協助這些稚兒，為在這個世界生活而做好準備。

我與團隊幾經檢討後決策，除辦理多元課程及活動來協助孩子社會化外，更為藍迪家12歲以上的孩子開辦各種的自立培力課程。這階段的孩子還沒長出自我意識前，或者他因需要依賴你生活時，會勉強順從；來到少年時期家庭的衝突就會越演越烈，直到雙方都不願意再說話和溝通。因為無法教會孩子自主，就無法學習為自己行為負責，更無法成為自律的孩子，因此我們成立「家童會」給予空間讓孩子學會管理自己，此時，聽見孩子的聲音極重要。

孩子在互動中，讓我們知道孩子的需求，也讓孩子看到我們面臨到工作上的急迫感，除了培養獨立思考的能力，更能共同去討論如何滿足彼此的需求，這是給孩子應有的尊重，相對孩子也會尊重大人的感受。也同步讓孩子自主參與機構內外活動及辦理，拓展其更多社會認知和技能。

我們一面做著「安置、歸屬、認同」的養育生活，也希望孩子離院前強壯到能開始自己的生活，都有能掌握光明人生的信心，前提是要培養出有獨立的能量。

4-1

然後，放手！

小崑才17歲，從有記憶以來就住在藍迪兒童之家，面對即將到來的獨立生活充滿焦慮與緊張，他幫自己打氣：「我會努力做一個好相處、好配合的人。」想用這樣的性格贏得未來的本事與好人緣。

自由獨立是一件極為美好，卻又讓人緊張的事！在陪孩子邁向獨立的過程時，藍迪老師還會適時提醒孩子回溯自己成長的腳步，幫孩子記住他越來越成熟的證據，例如：「你現在已經學會這個了」、「你16歲開始學餐飲，現在已經可以獨當一面了。」這類的話語，「一起看看你學會了什麼」、「看看你哪些地方成長了」。

具體的評語，會比單純口頭上的讚美例如：「你好厲害」、「你好棒」、「你好用心」等來得有意義許多，也更能增加孩子對獨立的信心。

依據現行法令及規範，藍迪家的孩子滿18

歲就會面臨到獨立生活的議題。而18歲的他們真的作好準備了嗎？世界各國的兒少同樣也會在這個階段就同樣會面臨到獨立生活議題。父母呢？最常聽到的：他還不夠獨立、「（這個）他還不會啦！」而「這個」可能指的是洗衣服或切水果等生活小事，換言之也就是獨立思考的能力。讓孩子提早練習及理解如何與這個社會接軌的技能，是讓父母得以放心、放手最好手段。

舉例來說，孩子在選擇就讀外縣市學校時，可能會有路途遙遠、住宿需求、或是要搭車前往等等問題需要解決。因而他就必須為自己得早起晚歸、一個人在外住宿、搭車班次及車程等進行了解並獨力完成規劃，為自己的決定負責任。培養一個孩子成為獨立和自主的個體，其實沒有這麼難。

藍迪兒童之家的老師在這裡擔任陪伴和引導的任務，老師們要做的只是在孩子可以負起一切責任，進而完全獨立之前，陪著他慢慢走完所有步驟。也建議我們身為父母者可以在孩子進入少年期後開始逐步放手，陪伴孩子走過，也請不要給孩子是非題，要幫助孩子練習做選擇題！

前幾年，一位課業成績優異的孩子，可以申請到不錯的學校，但他最大的興趣就是唱唱跳跳，並屢屢因為能在表演中獲得喝采，而得到更多自信，因此想要選擇表演科，身為父母的你我可能難免覺得可惜。為此，老師陪著他上網收集資料，分析業界狀況，孩子幾番思考後，還是選擇表演科，雖然老師們都心疼他也許選擇一條艱辛且漫長的路，但也都能為他自己做出決定，而感到驕傲。

別把「孩子還小不懂事」當作不放手的理由

你的孩子不是你的孩子！當孩子不願走在你鋪好的道路上時，多少家長甘心放手？而又有多少孩子擔心，如果不照父母安排的方式過日子的話，就會失去父母的愛，因此科系由父母決定好，職業由長輩安排，努力符合社會期望，活得像個夢幻級乖孩子。

但孩子內心往往會浮現更多疑問：「這就是人生勝利組？這真的是我要的嗎？」很多時候，家長並不知道自己的孩子想要什麼？又不認為孩子懂多少，擔心他選錯路，無意間干涉孩子做決定的機會，只能隨著社會認同的方向，但同時大部分父母又都希望孩子有獨立思考的能力，矛盾的情況時常見到。

諮商心理師臻儀指出，想培養孩子獨立的力量，首先要讓孩子知道自己的理想，父母可以陪著他們一起探索他們想要的，但不能一路干涉矯正成為父母想要的。

有些父母會急著想要直接告訴孩子他們心目中「最理想」的答案。碰到這種情況，我們想問的是：「父母們知道自己是著急的嗎？」如果父母沒有察覺到這件事，當然就不會覺得他在控制小孩，他只是覺得自己的方法比較快。

父母的控制來自於，第一是因為習慣，所有父母都是從孩子小的時候開始照顧他，所以不知道什麼時候開始可以逐漸地放手，無法意識到自己太著急，或者不相信孩子已經有能力做到什麼事，也許，父母自己來一定快很多，但是請一定記得：他做的就是他的，我做還是我的，「你要做的就是等待。」

第二就是，父母有想保護孩子的本能，不想要孩子受傷，不希望他體會失敗的感覺。但不論是學習、課業、玩遊戲或者是參加競賽，或任何人生大小事，每一次都會有輸贏，都是我們學習規則，步步建構能力的過程。討厭輸的感覺完全正常，但並不會因為討厭它就不會遇到，這是家長必須接受，也必須讓孩子知道的事實。

4-2

不急著給正確答案
一起探險培養出信心

小Baby有睡覺、吃飯及玩耍的意願，哭與鬧就是他的表達方式；漸漸長大後，他一路學習運用手邊資源達其所願，成功也好，拒絕也罷，獲取的都是相等重要的經驗；在人類學習成長的歷程當中，這兩個元素同樣重要且都值得學習。

讓孩子早一點承擔生活難免會遇到的傷害，是一種愛；養出一個乖乖聽話的孩子，這又是另一個不同路徑的選擇；帶著孩子探索這個世界、面對失敗，才是父母陪伴孩子長大不可取代的責任之一。

孩子的生活從小就在面對各種選擇題，包含穿什麼的衣服、選什麼玩具、和誰做朋友、分組活動要選哪一組。父母可以做的是陪著他們一起找資料、一起探索這世界，「帶著」他們經歷各種成功或失敗的階段。

「我們不代替他們去經歷，將一切都準備

好。」不論順境或是逆境，相信每個孩子都有能力為自己開闢一條屬於自己坦途。特別是在還有辦法一起冒險的時候，陪著他們追求他們想要的東西，對孩子來說，這就是父母親所能夠給予他們最美好的回憶與愛。

親子相處之道 適時把主導權交給孩子

遇到難題時，孩子第一個想到的一定是告訴父母，年紀越小的孩子越是如此。但是，很多時候孩子找父母，並不是無法解決問題，而是只需要一個聽他說話的人。例如孩子在打工場所受了委屈，或是對老闆、客人不滿等等，父母在聽到這些狀況，因為捨不得孩子受傷，往往會想在第一時間幫忙解決問題，可能告訴孩子，「你不想做就不要做，換一家也可以。」或是：「你們老闆怎麼這樣，要不要媽媽去幫你說？」但這可能不是孩子需要的。

所有發生在孩子身上的問題，主導性還是要回到孩子身上。孩子跟別人吵架時，多半希望爸媽能為自己出一口氣，實際上爸媽都不在事發現場，如何能知道事情的來龍去脈。爸媽不主動介入，家長可以同理孩子的難過，在問問當時的狀況。若孩子想要大人主持正義，建議爸媽可以跟孩子說：已經上小學了，事情發生時，第一時間要為自己發聲，平靜的表達訴求或感受，例如：「我可以和你一起玩遊戲嗎？」若表達後對方仍不同意，則可以跟孩子說要接受對方的選擇。若對方惡言相向或出手傷人，則可找在場的同學作為證人，請老師出面協調。

父母師長是催生勇氣的泉源

說不定孩子只是想要爸爸媽媽抱抱他，或是單純分享他今天過得如何；或者也有可能是他真的想解決這個問題，但他想不出辦法，畢竟是孩子嘛！所以父母要做的是提供選擇題給他，而不是急著第一時間跳出來幫他解決，因為他之後的人生道路上，還是會有著層出不窮的問題等待著他一一解決。

面對挫折的時候，人都需要一個發洩情緒的出口，才能從中得到力量；而這些力量會幫助他，讓他拿出勇氣解決當下所面對的問題。父母就是催生這個力量的泉源，如果奪走這個過程，直接幫他出氣，將無法產生勇氣，一碰到問題只會發脾氣，但又態度怯懦只會逃避，想當然爾，未來衍生的問題只會越來越多。

4-3

勇敢踏出長大的第一步 主動承擔責任

「這小子以前懶到不行，連自己的書包都不整理。」和小豪同住一個小家的大哥哥開玩笑似的推推他的肩膀：「我都想揍他。」

「小豪真是大變身。」我們其實都很開心。

「我是為了不耽誤自己娛樂的時間，直接做大家都不想做的家事，像是拖地、倒垃圾等等。」小豪故做跩跩的樣子說：「但主要還是看心情啦，心情好，事情都順了！」

小豪不只不整理書包，還不喜歡看到噁心的東西，他非常排斥掃廁所，更討厭大家對他碎碎唸；只是住在一起的日子裡，他發現哥哥唸歸唸，都會默默幫他把事情做完。現在看到哥哥們離院獨立，小豪發覺自己就是大哥哥了，他開始學著將責任攬在身上，並且不知不覺中，喜歡上這種獨立自主的感覺。

懂得照顧自己 就是最好的獨立第一步

人從幾歲開始，會意識到自己的身上有「責任」這件事，能主動去做別人避之唯恐不及的事情呢？父母有什麼好辦法引導或指派孩子，去做自己原本不想做的事呢？

藍迪家的孩子和所有的孩子一樣，每次要他們做家事、幫忙雜務時，都會想要逃避，這樣一路鬧彆扭，直到他們成為小家的大哥哥或是藍迪家的長子，就會主動去承擔各種工作和責任。

對小豪來說，獨立自主的定義是「慣性積極」，不必提醒就自動自發完成事情，因為第一個提醒的人就是自己；這樣的人表示懂得規畫每天生活，一步步朝著夢想前進。但要達到這樣的境界，得先具備獨立思考的能力，細心觀察身邊每一個人的需求，並願意積極協助他人。

踏出獨立的第一步，就是把自己的生活打理好，像喜歡待在廚房切菜、煮飯的小豪，就很享受為自己準備美食的感覺。第二步是能在殃及無辜前，先解除心情不好的未爆彈，以前不懂得獨處、與自己溝通的他，現在會躲在無人的房間裡聽音樂，用六、七首歌的旋律陪他度過放空的時光，慢慢回復理智，不任由負面情緒淹沒自己。

把自己整理好，才能將注意力放在關懷周遭每一個人的需求，自然而然就能扛起別人不願意做的事情，因為知道誰想要什麼、喜歡什麼，心情不好的時候該如何排解，需要幫忙時又可以信賴誰。

言教不如身教 日復一日做給孩子看

會有這樣的成長與改變，可能是因為在藍迪家裡，除了老師們和大哥哥、大姊姊之外，還有總是一肩扛起責任的「阿貝」，潛移默化的成為孩子的榜樣。藍迪家從草創至今，創辦人之一的「阿貝」，總是默默在做事，從過往的清水溝、換燈泡，到所有園區內的農務、園藝的工作，他都用身體力行的方式教育孩子，他說：「這輩子自己該去學的、該去做的，如果放棄了，唯一損失的就是自己，因為沒有人會幫你，這是每個人這輩子的功課！」

當叫得動的孩子看著那些叫不動的孩子在一旁耍賴時，心中難免不平衡，阿貝總會讓他們知道，每個孩子將來都是要離院獨立並打理自己的人生大小事情，現在做越多，以後要學的也就越少，很多時候。能力的培養就從願意扛起別人不願做的事開始，太計較眼前的舒適狀態，未來往往會遇到更嚴重的挫折！

一直秉持「傻傻做最有福氣」的阿貝，雖然口中說著「自己做比較快」，但心中卻替不願意學習的孩子感到可惜與心疼，這些將來能帶走的技能與經驗，不是靠說破嘴、分配任務就能學習吸收的，因為「自動自發」是社會上重視的人才特質，從小就叫得動的孩子，長大也比較願意主動幫忙，他獨立生活的能力也比較強，離院前的焦慮自然也就少了一點。

面對那些叫不動、不會想的孩子，阿貝總會提供多樣化的工作鼓勵他們試試，從開心農場到物品維修，總希望有其中一樣能引起孩子的興趣，但他無法幫孩子阻擋這輩子遲早得經歷的課題。與其自以為聰明地逃避一切辛苦，不如學習如何克服它，才有能力扛起別人不願做、不會做的事情，才也有活出自己的可能。

從做中學，是比書本更棒的老師！

4-4

「藍迪幣」

旦旦：「老師，我要領橡皮擦和鉛筆。」

老師：「老天爺啊！你上周才領新的，才幾天又不見，這是第幾次了？」

旦旦：「我不知道啦～就不見了啊！」

美美：「老師，那個東西不見了沒關係啦，再領就有囉！」

但真實的世界是這樣運轉的嗎？

當然不是！

藍迪也不是！

藍迪之家剛成立時，所有大人都常常為孩子的溫飽與成長奔波張羅，院內孩童卻對得來不易的文具不懂珍惜；或是乖乖在地上坐一排，等待我結完帳發放禮物。這種缺乏社會行為模式與社會化的狀況，著實讓我相當著急。

總是等著被給予，孩子習慣了手心向上的生活，將來依舊會重複原生家庭的模式，「我希望翻轉孩子們的人生，也為社會培養有能力的人。」我在當時默默許下心願，也積極學習、尋找相關領域及其他更適當的方案。

建立院內小社會 模擬金融環境

經過漫長的討論，加上參考香港銅鑼灣學校附設的中途之家機構，發想出「零用金」和「藍迪幣」雙軌的制度。

孩子每個月都有一筆定額的「零用金」與「藍迪幣」，零用金是讓孩子在外面的商店購買需要或想要的物品使用，而與台幣匯率 1:1 的藍迪幣則是讓孩子用在想買的其他物品上，除了定額發放之外，大一點的孩子也可以透過在院內的各種打工機會，獲得更多藍迪幣收入，認識「錢」是勞動後的結果，在院內的 FRIDAY STORE 營業時，依照他們的意願運用手上「藍迪幣」購買商品，藉此養成孩子存錢、理財的基本概念，以及珍惜手上的所有物資。

沛潔老師表示：「會發行自己的藍迪幣而非直接使用流通的新台幣，是可以獲得購物的經驗，並將此經驗轉移到實際生活上。」而整個貨幣發行過程，不僅孩子在家學習物權觀、自我選擇的控制感，及購物生活的行為與經驗，老師們也經歷不少藍迪「弊」的經驗，例如在商店擔任工讀生的孩子刻意放水亂算錢，或不懂貨幣價值，未經同意自由拿取等事件。

仕喬老師是在高中時期來幫忙時，見證藍迪家發行藍迪幣，當時的他也認為多此一舉，不知道有什麼作用，剛開始施行時還衍生制度、標價、商品都非常混亂，甚至有的老師想送給孩子就送了，讓努力存藍迪幣的孩子覺得非常不公平。

這些都是當初在設計藍迪幣時沒有預期到的，也衍生出更多教育案例，讓孩子在還沒出社會前的犯錯經驗有改正的機會，以偷竊為例，孩子就得鼓起勇氣負起責任，回商店認錯，按價賠償，並回商店擔任工讀生執行「社會服務」，了解商店營運的邏輯，以及體認偷竊對他人的損失與困擾。

財務課① 從採買民生用品學會愛惜物資

家老師也會帶孩子每兩周採購一次民生家用品，就像一般父母帶著孩子逛大賣場一樣，在藍迪則是有「倉庫小旅行」，透過採購讓孩子知道兩周的日常開支，知道衛生紙、洗碗精、白米的價格，讓他們學會使用時要愛惜與珍惜，不要無止盡濫用。「所有物資都是政府與社會人士的愛心，有的捐贈者更是每個月省下自己的享受，一點一滴捐給孩子們，我們希望透過這些購物的過程，讓孩子知道物資有多可貴。」

藍迪幣一開始是仿真代幣，目前因應正在改變中的消費模式，小額電子錢包漸漸取代現金，讓藍迪幣面臨第三次金融改革。會計美鳳老師表示，藍迪幣過去與現在最大的差別在於，小家家用的實體藍迪幣變成由基金概念的虛擬藍迪幣取代，「由於小家老師太『勤儉持家』，也努力教孩子存錢，導致實體幣難以回流，出現實體藍迪幣不夠發放的問題。」財務組現在則改採基金方式，小家老師只需將所需產品登記在購物單上，領取物品後送會計部扣款，小家內部則是以帳本來紀錄，更符合當初設計藍迪幣的目的，建立孩子價值觀以及消費、理財的觀念。

財務課② 朋友開口借錢 孩子借還是不借呢？

這件事就真實的發生在嘉嘉身上，努力存錢的他有一天跑去找家老師，哭訴他借出去的錢，現在要不回來了。

「阿祥說他沒有錢還我。」嘉嘉去要好幾次，阿祥都說買零食吃掉了。

「那怎麼辦呢？」家老師問他

「我不應該隨便借錢給別人，我自己活該。」嘉嘉很懊悔知道學到了教訓。

後來家老師去找阿祥的家老師，提醒家老師留意阿祥四處借錢的行為，以及擬定如何還錢的計畫。

經過這幾年的教育，院內年紀越長的孩子，對藍迪幣越看重也比較會使用，他們會用來採買即將搬出藍迪後的生活必需品，也懂得衡量借貸問題及人際交情，藍迪幣給這些大孩子一個學習理財，並負起責任的機會。

4-5

分辨「需要」與「想要」的慾望

小偉衝進FRIDAY STORE，一眼就看到這雙名牌鞋款，他有點緊張，因為還得試穿才知道適不適合。這間商店沒有店員會蹲下來幫你試穿，或是幫你尋找適合的號碼，所有商品全在你看得到的貨架上，大多數的商品都只有一件，所有的商品也都有清楚標價，不用費心殺價，因為價錢更比市面上便宜許多，使用藍迪幣就能購買！

小偉試穿後，鞋子尺寸剛剛好，他眼角的餘光瞄到弟弟妹妹熱烈討論的3C區，還有超級吸引人的零食區，心中盤算著自己手中僅餘的藍迪幣，一雙鞋子加上一些零食，這個月應該就把所有的積蓄都梭哈了吧！

付出獲得合理報酬

在藍迪家生活，是以「小家」為單位，每

個小家都有自己的基金帳戶，生活用品、文具⋯等並不是無限量供應，要從倉庫拿取並清楚記錄，追蹤是否合理使用且不浪費。

就像一般家庭一樣，各家因為成員年紀與性別不同，在成長階段所需要的用品也有所差異，所以要確實記帳，如同代理父母的家老師會教孩子參與，讓這些孩子有更多學習機會，開始確立消費的概念，有助於他們比一般同年齡孩子更早面對及解決獨立生活時所會遇到的問題。

而每一個階段的孩子都面臨需求與滿足的課題，他們得清楚分辨「需要」與「想要」的差異，沒有人可以躺在地上哭鬧、打滾而予取予求，零食或是玩具都得用自己的零用錢購買，或者得想辦法降低花費存到足夠金額，或是積極參加各種方案，以賺取打工的零用錢。

有些付出是幫助

雖然為了讓孩子有理財觀念，但教育工作者還要細心幫孩子建立的基本觀念：並不是任何的付出都用金錢衡量，例如，幫忙家務是義務，是家中每一個成員對環境的基本付出，更是成長時期很重要的學習，並非打工賺錢的項目。將權利與義務分清楚，有的付出是可以獲取應得的合理報酬，有的付出是自發性地去幫助需要幫助的族群，這些都是藍迪兒童之家教導孩子理財與珍惜資源的核心觀念。

藍迪商店惜物教育

基金會主任COCO老師解釋，「社福機構的物資都是來自四方善心人士一點一滴的捐獻，我們當然要避免孩子的無感與浪費，不能讓他們以為不用錢的文具弄丟了，隨時都會有新的，衛生衣可以當免洗衣穿。」因此，藍迪推展自己負起責任的惜物教育，設計藍迪商店「FRIDAY STORE」以及藍迪幣，讓孩子也能自由做主，選擇購買自己喜歡的小東西。

剛剛來到這裡的孩子，因為心中安全感不足，或自小可用的資源太少，常常會有偷竊或是囤積餅乾糖果的舉動，「FRIDAY STORE」的設立也是想幫助，一旦孩子能學習自主運用手中的現金零用錢與藍迪幣，進一步管理自己的慾望與資源，自然不需要用偷竊或是囤物滿足慾望；也因此，藍迪的老師不會干涉與支配孩子在商店的購買商品，讓他們享受自由選擇與採購的樂趣。

小小年紀學記帳　買到期待已久的商品

所有孩子都知道「FRIDAY STORE」的商品是物資捐贈而來的新品，但為何沒有一個孩子抱怨不公平要用藍迪幣買回，而不是院方該發送呢？小偉哥哥覺得：「藍迪幣是分配的零用錢，不是出公差也不是以勞務賺來的，不想存的話可以隨時買零食，存多一點可以買自己想要的商品，和零用錢相比，花起來更無心痛的感覺，為何不花呢？」

就讀高中的小淳則是這樣分類的，藍迪幣買「想要」的東西、零用錢買「需要」的東西。他最常用藍迪幣購買綠燈零食及餅乾，雖然不像便利商店裡選擇那麼多，也能在某種程度上，滿足自己深夜嗑零食的慾望。他也曾經存了一千多元藍迪幣，買下自己期待許久的保養品，因為對就讀影藝科系的他來說，這也是必要支出之一。「藍迪商品的定價合理，且能逼著自己學會記帳，感覺我比同學還懂得理財，不會常常有慾望炸開，或是零用錢不夠的煩惱！」小淳得意地說。只是，外面的化妝品都很貴，他還是希望藍迪也可以賣些同學口中常聊到的夢幻級化妝品。

藍迪幣依照年齡每個月發三百～六千元不等，存最多藍迪幣的大姊姊小婷因為作息時間與商店開張時間不太一樣，因此存了不少藍迪幣，後來買到很喜歡的耳機，深夜時盡情聽著自己喜歡的音樂；也買過到現在還非常珍惜喜愛的馬克杯，當他離開這裡時一定會帶走，因為這可是陪伴他走過青春歲月的可愛馬克杯。

「理解想要與需要的差別，並達到愛物惜物的教育」，COCO 老師語重心長的說，而這也是所有孩子都該學到的人生重要課題之一！

4-6

假日打工

平常聰明靈活，總是主動幫忙弟妹的小志，很幸運的在家園附近找到手搖茶飲店的打工機會，諸如基本福利、工資及工作內容等相關問題，他都能有條不紊地與店長應答如流，工作表現更是深受店長喜愛。

不過，小志有個罩門，那就是他很討厭下雨天，因此只要一下雨，他就容易遲到。有回下雨的上班日，無須外送，只要做好清潔即可，但小志怕弄濕鞋子，就打電話請假。沒想到店長隨後打電話給社工督導玉眉老師，請小志想要工作時再來店裡學習幫忙。當然店長也有些私人情緒，他自認平時對這位小員工照顧有加，但店裡最需要幫忙時，小志卻直接拒絕，讓店長一肩扛起所有工作。

這樣的結果讓小志百思不得其解，他以為就像店長電話裡說的，他有拒絕的權利，沒想到卻因此丟掉工作，現在只能懊悔自己錯估了情勢。

初入職場學習人情世故

相信大部分的人，都在學生時期的寒暑假、放學後打過工；也都不得不承認，那時候學到的點點滴滴，儘管和後來的工作與專業度無關，還是能夠磨練人情世故和人脈累積。只是，那時的工作是自己去應徵，還是父母拜託親友幫忙打探安排的呢？而現在為人父母，會鼓勵孩子利用課餘時間去打工嗎？又會希望他們找的什麼性質的工作呢？

藍迪兒童之家的孩子在高中畢業後就得離院獨立生活，初出社會的他們馬上要面臨兩個月的房租押金、學雜費、伙食費、交通費以及日常生活不可或缺的手機，這樣的開銷對於17、18歲的孩子來說是不小的數目與負擔。因此社工及家老師都會鼓勵孩子在16歲以後，利用假日外出打工，不但可以存下將來獨立生活的費用，也能學習及處理職場上可能遇到的難題。

職場上，多的是課本裡沒有教的事

在孩子可以外出打工前，我們偶而也會去附近公司行號設攤位，而且不以藍迪公益的名義，就是要孩子開始體會工作這回事。

「今天經過的人好少。」「剛剛那位阿姨拒絕我了。」孩子們好沮喪，原來真實的世界是這樣的，並不是賣東西都有人要買。

等到孩子大到可以外出練習打工，從上網搜尋打工資訊開始，鼓起勇氣撥打電話詢問工作性質，練就保護自己的本領，判斷哪些工作可以嘗試，哪些則是一輩子都不能碰觸。

當然，孩子們也得忍受履歷石沉大海，或是難得的面試機會卻因自己表現不好而沒有被錄取的挫折感。一次的打工經驗，可能就讓他們遇到許多課本從來沒教過的人際習題，開始工作後以有工作壓力所帶來的震撼教育；而玉眉老師也都會在孩子打工過程隨時從旁協助。

然而很多問題都是要遇上了才會懂，我們總是在孩子遇到問題後，才去從中學習並解除可能發生的危機。孩子在學習中難免因為各種理由遲到、缺課、請假或是翹課，但這些行為發生在職場時是沒有任何容忍度可言，在藍迪家，孩子有許多老師可以依靠，一旦走出去，又有多少人願意寬容、又能寬容多久呢？

一旦開始外出賺錢，許多孩子的應對進退，都會快速成長起來。

4-7

理財小帳本
18 歲前自立存第一桶金

16歲的小若，聽護理師姊姊一句話：「護理系出路比較穩定，未來不用擔心會有找不到工作的問題。」就決定報考護理系，也從來沒問過自己怕不怕見血，敢不敢進開刀房或面對家屬；對小若這樣沒有任何原生家庭資源的孩子，可以自力更生，不怕沒工作的科系對他來說就是最好的選擇，他認為，儘管要犧牲自己的興趣跟現實低頭也值得。

院內的老師安排他到診所打工，小若認為自己的環境適應能力較慢，所以常常提醒自己對於病人要更加親切、友善與積極。他也不忘提醒院內的弟弟妹妹，有時間就找有經驗的人多一些了解每個人打工的經驗，當然如果有機會就可以去打工，以賺取更多生活經驗。

這或許不是現今社會上多數成年的孩子要擔心的事，卻是每一個在社福機構長大的孩子在歡慶18歲後，就可能會馬上面臨到的挑戰。

日記帳的理財養成

在18歲後，藍迪之家的孩子都將會遇到獨立生活的議題，但這些孩子真的準備好了嗎？因此，從國中到高中階段就啟動自立培養的多元訓練，讓孩子有能力面對未來獨立生活。其中最重要的就是「經濟獨立」，學會如何規劃財務及建構理財能力，讓自己能生活無虞。

從小開始，我們就會提供給孩子「個人小帳本」，美鳳老師說，原本是為了管理好整個院方的財務支出，也讓政府單位容易監管，沒想到因此發展出理財小帳本。

為了讓孩子在購物和財務管理上能有練習和決定的機會，我們將零用金拆成現金及藍迪幣兩個部分提供孩子使用。除了現金可於外的購物練習外，同時成立了「商店FRIDAY STORE」將量少或價高物品放在這裡讓孩子自由選購，年幼的孩子則由家老師帶領下採購，讓孩子經歷「付錢、找錢」的過程，然後協助他們把數字登載在帳本中，小小孩們在選物、購買和支付的過程中，慢慢懂得運用錢。這個紀錄的過程還帶來一個好處，等到大一點，有機會自己參與家園內的工讀（商店FRIDAY STORE、圖書館工讀）或是外部企業工讀，體驗自己勞務換取金錢，這些細節的設計，慢慢確立消費概念，以便比原生家庭有更好觀念。

□我會學習以下零用金使用的好習慣。

□我最少每月一次與小家老師討論零用金使用情形。

□我會把自己的零用金保管好。

□我會養成每次花費後記帳的習慣，若有發票收據我也會收好。

□我會有規劃的使用零用金，制定存錢計畫，買我想要的東西。

□我想知道銀行存款時，可以請老師給我看。

約定人：

每季費用檢視表

		1月	2月	3月	4月
本月收入					
支出項目	飲食				
	日常用品				
	交通				
	學業				
	休閒娛樂				
	人情往來（請客）				
	醫療保健				
	其他（賠款 呆帳 遺失）				
	本月支出總和				
本月收支總和（存到錢？過度開銷？）					
現金餘額（手上剩多少）					
零用金存簿餘額					
備註欄					

懂得理財　是翻轉未來的重要元素

小若雖然從小受到理財的訓練，但畢竟是離開我和老師們的獨立生活，還是讓他充滿焦慮，房租、打工、生活費、課業每一項都是超過他年齡所能負荷的煩惱！

藍迪之家成立的「自立家」，住的都是即將年滿18歲準備離院自立的大孩子，每個人每月會拿到六千四百元藍迪幣。學著負擔自己的食衣住行等生活所需開銷。至於他們在外打工的薪資，老師們也會帶他們去銀行開帳戶、協助領錢，才能教會孩子掌握離院前的準備，當然不是硬性規定，而是柔性引導。

名人教養經

楊立華
玄奘大學社會工作學系及研究所副教授

陪伴藍迪

因著兒少機構的評鑑，認識了藍迪。藍迪本著力求精進，在軟硬體兼顧的理念中，不斷地成長。經過李雪櫻院長的帶領和兒童之家工作同仁的努力，孩童們從偏僻租賃的房舍到如今購地自建現代實用的房間，除了建築與硬體設備的改善外，更積極地提升藍迪教養的品質，累積多年的經驗與心得，現今藍迪能夠將教養成果呈現給關心支持兒少的夥伴們。

《兒童權利公約》第三條強調兒童最佳利益原則，與兒童相關之事務，不論是由公部門或者私立社會福利機構、法院、行政機關或立法機關的作為，皆應該以兒童最佳利益為優先考量。公約的四大原則為兒童最佳利益、禁止歧視、兒童生存及發展權和兒童有表達意見的權利，而兒童最佳利益被認為是所有兒童人權的基礎。藍迪本著兒童最佳利益的思維，培育兒童懂得思考、選擇、自保，進而在社會中生存與發展。在教養的過程中，給予兒童表達意見想法的空間；不論兒童的表現如何，都予以關懷和協助，並不標籤化而另類對待，藍迪兒童在沒有歧視的壓力下，健康快樂的成長。

藍迪生活的點滴與互動，有不少動人的故事，孩童隨著歲月逐漸長大，面對另一階段的挑戰，這些令人難忘的往事，藉由文字呈現給關心藍迪的朋友們。本書有孩童的眼淚與挫折，也有歡笑和成就，工作夥伴們的付出與奉獻，書中種種的描述，帶來篳路藍縷的回憶，所有工作夥伴雖然辛苦，但亦啟發了對未來的憧憬。除了案例的介紹外，同時加上教養觀點和論述，提供分析與參考；希望這本書的出版，能夠讓更多人關心安置機構的兒少，對於教養工作有更深的了解。

名人教養經

楊月娥

現任三立台灣台「健康有方」節目主持人，基隆市愛樂合唱團執行長

種子無法選擇大地，生命無法選擇家庭，含著金湯匙出世的是少數，平凡家庭的孩子才是大宗，在少子化的現代，每個孩子都是無比珍貴，都需呵護灌溉才能順利長大，有些孩子因不健康而折翼，有些可能家庭破碎而風雨飄搖，當遮風避雨的家不見了，撫育教導的父母隱形了，孩子該要如何健全地長大？

我和李雪櫻院長已認識很久了，因為愛，她成為眾多孩子的媽媽，看她負重前行，但就算有三頭六臂，也很難撐住所有需要幫助的家庭。我是資深照顧者，連續十年照顧生病的家人，深知照顧者辛苦。就因為太操勞，數十年來，李院長幾乎氣力耗盡，即使拖著病體，仍還在憂心孩子的未來，照顧者的愛難以撼動。

我是二個女兒的媽，一路摸索學習教養，從牽手上學到放手長大，我用心陪伴、細心教導，即使呵護備至，我的掌上明珠仍遭遇健康考驗，小女兒十七歲罹癌血癌，身為父母簡直心如刀割，就算散盡家產也要救她。如果生病無法避免，那麼這堂課我們學會了什麼？我告訴女兒，假如妳這輩子註定會遇到這個坎，那麼媽媽恭喜妳，還好是在妳十七歲的時候發生。女兒疑惑地看著我，我告訴她，因為此時妳沒有先生、小孩、公婆、工作、和家庭的問題，你只要全心接受父母的照顧，無須顧慮到其他的因素，只有高中三年級的學業需要處理。這是一個包裝得很醜的禮物，但裡面卻裝著一顆藍寶石，待妳痊癒重生後，就會熠耀閃亮。既然無法改變生病的事實，接受現況就是明智的選擇，省去抱怨與悲傷，只需專注在治療上，事情相對簡單，幸而好運加持，醫療奏效，一切都往好的方向發展。在醫院看到人生百態，從中得到經驗及學習，不要無限寵溺順從病人，而要匡正作息規律生活，萬幸女兒痊癒，順利升學，進入社會，還獲選二〇二〇年抗癌鬥士，分享親身經歷來鼓勵正在考驗中的病友。

藍迪兒童之家給受挫孩子一個家，用專業教養經驗，關懷引導，呵護正在成長階段的孩子們。用對方法真的很重要，愛是一切的基礎，就算出生家庭的條件不佳，在這裡依然能得到平等長大的機會，翻轉屬於自己的精彩人生，前途無量充滿期待。

祝福藍迪的孩子們，你們和我的女兒一樣，就算拿到了一個包裝得很醜的禮物，未來的價值將由你們自己創造。最壞的已經過去，再苦都會回甘，期待社會各界挹注更多力量，我們一起幫助孩子迎向陽光。

名人教養經

張琪

藍迪兒童之家助養發起人及資深藝人

從小我就被養父和二媽淩虐辱罵長大，充滿自卑感、沒自信、直到疼愛我的養母用「愛」和鼓勵、適時的誇獎，讓我展現堅毅的意志力、誓言長大一定保護好媽媽、能過上好日子、而且期許自己未來也絕不會用言語責罵或打去對待孩子，因為那種苦楚我自小就吃足了。

結婚後，夫妻倆忙於工作，與孩子相處的時間不多，但對孩子的教養我最重視的是身教以及機會教育，孩子會從大人的日常生活中學習，所以平常我們如何跟家人、朋友互動，都會影響孩子未來的家庭觀與人際關係。

陪伴孩子的時候，我會特別注意孩子的行為舉止，當孩子犯錯時，我會即時給予糾正，打或罵的教育可能是最快的，但這是最破壞親子關係的做法，我選擇好好說、慢慢說，讓孩子聽懂而不是屈服，這樣的作法也是藍迪一直給孩子的教養方式。

我更祈盼天下的孩子都能在苦難時得到救贖、不再受苦，孩子們離開了NG家庭來到了藍迪，藍迪給孩子有別於原生家庭的教養，身教與機會教育更是藍迪的教育理念，他們用愛與耐心取代了打罵教育，時代的轉變、教養的方式、都得跟得上腳步、兒童機構的責任就更重和多元了。

TIPS  處理技巧

◊ 想要孩子有思考能力，父母自己也要先有這個能力。

◊ 維持獨立性、信任和尊重，就能培養出有獨立思考能力的孩子。

◊ 父母必須給孩子自由發展的空間，接納他們原本的樣子。

◊ 不要給孩子是非題，要幫助孩子練習選擇。

◊ 成功也好，拒絕也罷，獲取的都是相等重要的經驗。

◊ 與其自以為聰明地逃避一切辛苦，不如學習如何克服它，才有能力扛起別人不願意做、不會做的事情，才也有活出自己的可能。

◊ 過度保護子女，是扼殺他們自主學習及成長的機會，他們會失去學會面對小挫折時的能力。

◊ 每一個階段的孩子都面臨需求與滿足的課題，他們得清楚分辨「需要」與「想要」的差異。

◊ 在安全的環境下放任孩子去闖一闖，遠比過度保護孩子，阻絕他在職場上的一切壓力來得好。

第五章

未來的兒童之家

院長的話

我們陪著你一起冒險！

藍迪，相信教育可以促進社會階級流動，達成社會中人人平等的理想；藍迪更相信：教育，應該有著自省與自擇的功能，可以讓自己變得與現在不一樣，追求自己的理想，而不是被分配的理想！而什麼樣的教育才能達到這樣的功能呢？是積極學派的文憑主義嗎？還是消極教育學派的自學方案呢？

來到藍迪的孩子與班上孩子最大的不同是：他們沒有機會成為媽寶，這些年的藍迪受到各界關懷與支持，同時也受到社會賢達指導與監督，藍迪的孩子可能比起一般家庭的孩子，更有機會在成長的階段，在「家」即可自主參加各種不同單位所提供的主題講座與教學活動，像是民航局、警察局、消防局、人力銀行、荒野保護協會、電視台主播、園藝老師、攝影師、百大青農等等，讓孩子在不同的活動中得到最好最多元的體驗。如同楊照老師所說的：「孩子成長最迫切需要的，是認識世界有多大，意識到人有多樣性」，各界給予的課程都是讓孩子延伸他們探索的觸角，發掘孩子的天賦而不是一味尋找天才，鼓勵孩子自己推開人生的大門，翻轉他們的命運、開創他們自己的人生。

孩子依照自己的時間與興趣，透過老師專業的諮商與評估，從參加各種活動從中學習：學習扛起別人不願意做的事物、學會處理無可避免的衝突議題、學會面對世上總會存在的不公平待遇，以及學會為自己的選擇負責。可以不喜歡、不參加、不處理、不合作，但也得學習因為這些「不」所連帶的損失與所面對的新問題，唯有讓孩子自己選擇，他們的承擔力量才會大，畢竟人生的學習無所不在，應付考試不等於學習，因為更多的人品學習是考試卷評量不出來的，教育學家庫恩（Thomas S. Kuhn）從科學哲學的觀點看教育，認為教育有兩種形式：第一是常規教育，目標教出端正品格的人；第二是革命教育，要能讓孩子能結合知識與技能打破框架，創造自己的未來，而不是作為教科書的影印機，畢竟擁有知識不等於受教育！

在藍迪，自己的舞台得自己搭建，由我們專業團隊陪著他們一起冒險，諮商心理師、社工師、生輔員、營養師、護理師、音樂治療師、園藝治療師、藝術育療師等專業老師陪伴其成長。只是這樣的專業成長陪伴無法是一輩子，老師們總會克制自己給速食答案、得收回立刻想救援的手、得等待不同資質的孩子自己思考，因為不輕易伸出援手是對孩子的一種尊重！再者，對學習者而言，在困境與危機中做決策，才能激發孩子充分觀察與勇敢探索，主動體驗外在事物，學到的經驗比較能內化成為自己的知識。

「孩子！不需要害怕受傷或跌倒，我們陪著你一起冒險！」是藍迪專業團隊共同擬定的教育宗旨與目標。

沒有標準答案的人生更加精彩！來到藍迪的孩子，他們的人生所拿到的考卷版本早已與眾不同了，要孩子在手中的測驗卷上盡情揮灑自己，而不是依照社會既定的價值與眼光委屈自己；因此，在藍迪不只是孩子需要成長，帶著孩子一起冒險的老師們更需要成長，藍迪深信給予專業老師獨立輔導孩子的自由，才能教出獨立思考的孩子，再省思楊照老師所說：「教育不只影響孩子，也決定我們活在什麼樣的社會」，藍迪專業團隊努力引導孩子在有限的兒少時光中給予足以開創無限人生的養分，深信未來的世界不需要只是聽話照做的孩子，期待培育的不是普世價值的代言人，是給一個讓孩子自己發聲、築夢的舞台！

5-1

談未來

從「成為孩子的後盾，讓社會停止負面問題、讓孩子停止負面人生。」到「打造未來的孩子，解決未來的事情」，看起來簡單的兩句話，藍迪團隊走了十年，從解決眼前安置問題的四大理念到改變孩子的四大教育，一路走來篳路藍縷，團隊從安全維護、穩定成長的初期安置服務，以翻轉教養、自主教育的中期安置服務，帶著孩子引領自我、創造價值並成為孩子未來支柱的專業團隊。

現階段的藍迪更期待能以「未來人才」的孵化中心為己任。

我們的教育方針

當孩子的負向行為問題反映自身發展上遇到的困難，照顧者像是中醫，調整體質前要通盤考量環境、個性、年紀、發展等狀況，若只用快速的方式治療，病徵在短時間內看不到，就會誤認為已經痊癒了，孩子在不當對待後產生的創傷，整體社會得付出一、二十年後才會爆發所隱藏的危機，當我們又再度接到通知時，已經是他們不當對待的下一代個案了！

孩子出生在親職功能不彰的家庭，不是他的錯誤，更不該成為他這輩子的終生陰影。這輩子，我們每個人都在犯錯，更貼切的說，我們都在用自己的方式探索世界，從中認識世界，從他人給予的正負向回饋，得出與這世界連結與互動的最佳方式，因此我們鼓勵孩子探索世界，包含他自己內心受傷的世界，勇敢面對人生的挑戰，從錯誤中調整自己，學習正確面對事情的態度、自己嘗試追求解決方法，讓孩子懂得自己探索資訊、諮詢專業、觀察環境、了解自己，做出當下最適切的決定，並承擔該決定全然的責任，這就是我們的教育理念核心。

5-2

藍迪的空間是整體社會的

空間，是孩子成長最重要的因素之一。除了給予他們足夠的空間自由探索世界，更該給他們寬敞的心靈空間，讓他們有位子能自己決定放進哪些值得記取的經驗，不是我們自以為是地為他們精挑細選，而是給予他們勇敢活蹦亂跳的成長空間，因此我們擘劃了一個超出我們能力所及的理想家園，一個可以孵育未來人才的家、一個孩子永遠可以回來的家、一個永遠不需要搬遷的家！

對內對外都服務的行政空間

從夢想、理論到實踐，得力於許多善心捐款、政府支持、企業捐助。這些愛來自於社會，藍迪團隊也秉持「取之於社會、用之於社會」的傳愛理念，這些空間不是藍迪兒童之家獨享的，而是希望開放給社會大眾適切使用，甚至外界需要的社區服務活動，都可以借用藍迪的空間進行。當大家的童年都在這裡產生故事，空間才會有自己獨特的意義，也不辜負捐助者與幫助者所託。

大小書屋

讓孩子固定坐在書桌前唸書，是一般來說很多家長慣用、容易的管教方式。但我們相信，對課業感興趣的孩子不是用逼迫方式培養出來，唯有激勵他們自我啟發興趣，才能成為一輩子持續學習的人。

「大小書屋」，讓不同年齡的孩子用不同讀書方式學習。年紀小的孩子需要老師陪伴唸故事、聊天，小書屋就是互動分享的空間，讓孩子學習勇於表達；大孩子可以獨立，需要靜下來看書的空間，兩者才不會互相干擾。書屋裡充滿許多小故事，許多出版社與很多民間企業贊助最新的好書，有的助養爸媽發現沒有自己喜歡的漫畫，就會買一套補進去，海賊王就出現在大書屋了。

泥巴廚房

倫敦大學學院感染系教授葛拉漢．路克（Graham Rook）指出，泥巴裡的有機物質原本就存在於生活周遭，它們能提升人體防禦系統的容忍度，就像保護免疫系統的警察。其他研究還顯示，玩泥巴可以讓孩子情緒穩定，降低焦慮和壓力。

幼兒時期最需要是五感探索，在一沙一世界裡培養各種感官與觸覺，用泥巴製作各種點心並與同伴分享，以及把有泥巴可以「玩在一起」的童年還給孩子，於是，我們家的泥巴廚房誕生了，這樣的童年是否比搜尋平板裡成千上萬的卡通影片更值得回憶呢？歡迎助養爸媽能帶著孩子一起來玩泥巴！

籃球場

下課，是男生吆喝進入籃球場開戰的時刻，火紅的夕陽跟著籃球跑遍每一個孩子臉上紅通通的笑容，一滴滴汗水撒在地上、但一天天肌肉長在孩子身上，不管是簡單的三對三鬥牛還是獨自投籃練習，籃球玩伴總是成長記憶中最好的朋友，將來卻是他們在職場上需要紓壓時，總會奔向那個屬於青少年時期夕陽下的籃球場！

魚菜共生

一般家庭裡難得見到的「魚菜共生」生態系統，在我們藍迪家是孩子獨特的學習新天地，也是維持院方自給自足的教育實驗室之一。原本不喜歡吃蔬果的孩子，經過親手栽種後，覺得蔬果都變得格外鮮甜；原本很懼怕的小蟲，現在還會一一點出他們的名字。而這些魚和菜，往往來不及公開，就已經被群組中的人士搶購一空。

這套系統還啟發孩子對生物學知識的興趣，有個孩子從阿嬤愛吃吳郭魚，要學會養「吳郭魚」，想要搭配朋友愛吃的「菠菜」，但是，中間串聯的微生物系統呢？他說，將來想念微生物科系了。在魚菜共生生態系統中，微生物在其中扮演關鍵轉化作用，以及各種生物的特質（魚與蝦）與坪效，讓魚與菜雙方都可以生長得很舒適。

咖啡工坊

來訪藍迪家園首先映入眼簾的「咖啡工坊」，撲鼻而來的咖啡香，濃郁中蘊含著咖啡大師從咖啡豆知識開始，帶領孩子進入咖啡世界，藉著學習烘豆與手沖咖啡，探索咖啡飲品世界的奧妙，也希望培養孩子休閒興趣。透過烘豆名師教導，才讓咖啡真正落實在藍迪中。

每當客人來訪時，都會指名帶走一份藍迪品牌咖啡伴手禮，你們喝到的是學習的酸苦，以及收穫的回甘，那是孩子不只二十一次練習所淬煉的成長香氣。培訓成為一名優秀的咖啡職人至少要花上三年的功夫，更可貴的是學習歷程中的多元面向課程，逐步建構了孩子與社會接軌的量能，更值得珍惜。

攀岩場

攀岩場的設置滿足愛爬高爬低的行動，鼓勵孩子手腳並用、挑戰自己的小小設施，當孩子們練習一步一步踩著各種顏色的石頭移動，挫折、害怕與恐懼一路伴隨，因有老師在一旁照顧著，也讓所有學習過程都是安全。

FRIDAY STORE

藍迪兒童之家特有的藍迪商店，商品來自四面八方善心人士的物資捐贈，所捐贈的物資都會分類分流，主要可分為生活必須用品，像是白米、牙膏、衣褲等；另一類當然就是非生活必須品，像是玩具、耳機、MP3，以及孩子最愛的糖果零食；盡力做到物盡其用，同時也讓孩子可以學會珍惜物資及善用物資的美好行為。

翠香媽咪的廚房

熟悉藍迪或是離院的孩子，都是翠香阿姨廚房的擁護者。

本身就是專職的料理達人，翠香阿姨平日認真的與營養師詩茹討論食譜，藍迪廚房有許多困難和別人不同，藍迪的食材很多來自於捐贈，有時候有小山一樣高的南瓜，有時候是一貨卡的高麗菜，以及不能料理重口味的限制，讓翠香阿姨每天都像過五關，必須化成各種不同的料理。

正餐之外，總是時常出現的炒麵、粽子，午後的薯條點心，都是下課後的孩子立馬衝到廚房的原因，離院的孩子也會來電話，預購翠香阿姨的某道招牌菜。好吃的食物就是愛的表現，在翠香阿姨忙碌的廚房裡，就是孩子感受到愛的重要地方。

情緒調節室

當孩子情緒上來時，他們的心情掌管了他們的大腦，需要足夠的空間和時間，陪伴抒發他們的情緒，安靜下來才可以談事情。所以相對一個安全、色調符合孩子舒適溫和的空間，他在裡面發洩情緒也不會傷害到自己、傷害別人的獨立空間，是情緒室的功能。

我們從小到大都有自己專屬的情緒室，有的是躲在被窩裡，有的是把自己沉浸在遊戲裡，其實真的情緒室要能讓自己靜下心來轉念，若我們能主導自己的心，就不會都認為是別人的錯或都是由別人影響我們的，我們有接受與拒絕的全然自由。

視聽教室

電腦已經是現代學習必備的多功能教具了！一場疫情震撼教育，我們從多人共用一台電腦到幾乎一人一台了，在家上課的分流分艙的日子，每個孩子都對著電腦或筆電，參與這世紀初世界大變革的歷史時刻，也是藍迪家的網咖，一位愛摸索玩具的小偉哥，老師一邊上課，他一邊東按按、西點點看，竟然還幫上課老師解決回音迴路的問題，一台電腦、一個網路線，就能開始挖寶了（自我開墾知識的寶藏）！

開心農場

在院區外還有一座開心農場，最早是因為孩子需要園藝治療而成立，現在成為有學習價值、能試驗性營運的「培力工坊」觀光農場，期望從現代農業的多面性與產業鏈結的多樣化，打開孩子新視野。農場內規劃很多區域，有咖啡、果樹、魚菜共生的設備、咖啡工坊、多肉花房和手作 PIZZA 窯爐、大廚房教室，從農業，讓孩子看見觀光、休憩、宣傳、電商等無限可能性。

每當來訪客人讚美：「哇！開心農場每次來每次都很不一樣」，孩子們就有滿滿的成就感。開心農場也會適時開放給外界團體輕旅行、學校校外教學、企業家庭日活動、大家族踏青等行程；親朋好友一起出遊，總是用一張張的照片寫滿快樂的豐厚記憶。

健身房與多功能活動室

多功能健身房有許多種運動健身設施，寬敞的活動室足以跳舞、打鼓、桌上足球、室內溜滑梯，當連綿的雨季來臨時，孩子還是有可以活動的地方。

給孩子獨立不打擾的家庭生活

家，當然不是學校宿舍！

十二個小家

藍迪家是由許多小家庭所組成的大家庭，小家空間是四房兩廳或三房兩廳的格局裡，每兩個孩子一間房間，有自己的房間與書桌，是足夠舒適的空間。而且，所有的小家都在同一棟大樓裡，就像社區大樓裡的街坊鄰居，晚上可以串串門子，滿足青少年們說不完的小心聲！

向日葵家（嬰兒室）

3歲以下的小寶寶們，不分黑夜與白天都會醒、都要睡、更要餵奶、還得時時刻刻注意孩子的狀態，當媽的都經歷過那些分不清白天還是黑夜，都要起床照顧新生兒的苦日子。在藍迪有個獨立的空間專門為幼裡量身打造的空間，一進去這溫馨園地，寶寶或爬或不太蹣跚的來到你身邊，給你一個最天真的笑容，想要的就是一個擁抱。

未來在教育上的議題只會越來越難，棒下不再出孝子了，只能揮棒更顯得一位教育者在教育上的不足，但若不揮棒，又要以什麼樣的準則帶領你的孩子？

藍迪的每一天不只感謝社會大眾的扶持，更願意擔起促進社區心理健康的工作，以及開啟與各單位合作的專案，成人世界當下的每一個決定，都牽動著我們彼此依存的社會，希望你有一天能抽空帶著孩子來藍迪玩，陪伴孩子就是最好的支持力量。

教養，創造孩子的價值
教育，為孩子賦能翻轉未來
讓孩子擘畫自己未來的藍圖

教養力：陪現代父母走出教養撞牆期

作　　者　李雪櫻
編輯協力　李懿玲、李沛潔、郭晏汝、管政綸、簡秀貞
封面設計　楊雅屏
內文設計　何仙玲

總 經 理　李亦榛
副總編輯　張艾湘
特別助理　鄭澤琪

出　　版　風和文創事業有限公司
電　　話　02-27550888
傳　　真　02-27007373
網　　址　www.sewwthometw.com
E m a i l　sh240@sweethometw.com
地　　址　台北市大安區光復南路692巷24號1樓

總 經 銷　聯合發行股份有限公司
電　　話　02-29178022
地　　址　新北市新店區寶橋路235巷6弄6號2樓

製　　版　兆騰印刷設計有限公司
印　　刷　兆騰印刷設計有限公司
裝　　訂　祥譽裝訂股份有限公司
初版一刷　2023年8月
定　　價　480元

國家圖書館出版品預行編目(CIP)資料

教養力：陪現代父母走出教養撞牆期/李雪櫻作. --
初版. -- 臺北市：風和文創事業有限公司, 2023.08
面；　公分
ISBN 978-626-96428-9-2(平裝)
1.CST: 親職教育 2.CST: 子女教育 3.CST:生活教養
528.2　　112008135